Wilhelm Halbfaß
(1856 – 1938)

Mathematiker, Physiker und Hydrogeograph
Eine Autobiographie

Aus Fraktur übertragen

Halbfaß, Wilhelm: Wilhelm Halbfaß (1856 - 1938). Mathematiker, Physiker und Hydrogeograph. Eine Autobiographie.
Aus Fraktur übertragen
Hamburg, SEVERUS Verlag 2011.

ISBN: 978-3-86347-186-6
Druck: SEVERUS Verlag, Hamburg, 2011
Lektorat: Verena Behr / Helge Vonderau, SEVERUS Verlag

Der SEVERUS Verlag ist ein Imprint der Diplomica Verlag GmbH.

Bibliografische Information der Deutschen Nationalbibliothek:
Die Deutsche Nationalbibliothek verzeichnet diese Publikation in der Deutschen Nationalbibliografie; detaillierte bibliografische Daten sind im Internet über http://dnb.d-nb.de abrufbar.

Die digitale Ausgabe (eBook-Ausgabe) dieses Titels trägt die
ISBN 978-3-86347-192-7 und kann über den Handel oder den Verlag bezogen werden.

ERINNERUNG, die das Vergangene neben das Gegenwärtige stellt, ist die geheimnisvolle Macht, welche das Leben uns noch ertragen lässt, wenn die übrigen Kräfte zu erliegen drohen.

Jena, im Juni 1930

Professor Dr. Wilhelm Halbfaß

Inhalt

Vorwort

Mein Leben hat sich erheblich abwechselungsreicher gestaltet, als das der meisten meiner Berufsgenossen, und da es außerdem in eine Zeit hinabreicht, die von der unserigen himmelweit verschieden ist und von der heutigen Jugend als ein Märchen empfunden würde, falls sie es erleben könnte, so entnehme ich aus beiden Umständen den Mut, den Versuch zu machen, meinen Lebenslauf aufzuzeichnen und der Nachwelt zu überliefern, obwohl er im Grunde arm ist an hervorragenden Ereignissen. –

Bei der Schilderung der ersten Hälfte meines Lebens, die ich etwa mit dem Beginn des Jahres 1894 schließen möchte, habe ich mich häufig in Schilderungen von Einzelheiten vergangener Jahre vertieft, obwohl ich weit davon entfernt bin, ein einseitiger Lobredner der Vergangenheit sein zu wollen. Ich erkenne vielmehr unumwunden an, daß die Jetztzeit nach vielen Beziehungen hin unser Leben schöner und wertvoller gemacht hat. Aber freilich: wo Licht, ist auch Schatten. Dieses Wort bewahrheitet sich auch hier. Das Leben vor einem und zwei Menschenaltern hatte auch seine Lichtseiten, die der heutigen Zeit fehlen!

In der zweiten Hälfte meines Lebens beschäftigten mich vielfach wissenschaftliche Probleme, welche, wenn sie auch nur einen winzigen Ausschnitt aus der Wissenschaft darstellen, so doch, glaube ich, einige Bedeutung haben, die sie auch über meinen Tod hinaus bis zu einem gewissen Grade behalten werden.

In diesen Blättern ist sehr viel von kleineren und größeren Reisen in der Heimat und in der Fremde die Rede. Sie bilden einen wichtigen Teil meines Lebens und sind zu einem großen Teile mit der Lösung wissenschaftlicher Probleme, namentlich aus der Seenkunde, verbunden gewesen. Sie haben daher ihre wohlverdiente Stellung in meiner Lebensbeschreibung gefunden.

Den Beschluß bildet eine kurze Übersicht über meine wissenschaftlichen Arbeiten.

I. Bis zum Eintritt ins Gymnasium

(1856 bis 1869)

Ich bin am 26. Juni 1856 in Hamburg geboren. Mein Vater stammt aus Northeim bei Göttingen, wo noch jetzt in Stadt und Land der Name ziemlich häufig vorkommt. Mein Großvater ist von Moringen her dahin eingewandert, wo aber die Familie jetzt ausgestorben ist. Meine Vorfahren väterlicherseits sind sämtlich Bauern gewesen, haben aber daneben noch irgendein Handwerk ausgeübt. Eine alte Familientradition besagt, daß sie aus Tann in der Rhön stammen. wo ein Wirtshaus „Zum halben Faß" gewesen sein soll. Persönliche Erkundigungen an Ort und Stelle haben diese Tradition nicht bestätigt, doch mag an ihr etwas Wahres sein. Mein Vater wanderte 1833, zwanzigjährig, nach Südamerika aus, wo er durch irgendwelche Umstände nach Venezuela verschlagen wurde. Er ließ sich dort später im Innern des Landes als Hutmacher nieder – er war gelernter Hutmacher – und verstand es, durch Handel mit Indianern in verhältnismäßig kurzer Zeit ein kleines Vermögen zu erwerben, das ihn in den Stand setzte, ein offenes Geschäft in der bekannten Hafenstadt Puerto Cabello auszumachen.

Nach etwa einem Dutzend Jahren kehrte er nach Europa zurück und heiratete meine Mutter, eine geborene Thomsen, die aus Flensburg stammte. Deren Familie ist besonders in der Nähe von Tondern ansässig und ist friesischen Geblütes. Ihre Muttersprache ist aber, wie sie mir oft erzählt hat, nicht friesisch, sondern dänisch, das, als sie sich 1846 verheiratete, in Flensburg die Umgangssprache war. –

9

Nach Venezuela zurückgekehrt, ließen sich meine Eltern wieder in Guanare, in der Provinz Barquisimeto, nieder und mein Vater übergab das Geschäft in Puerto Cabello einem Geschäftsfreund. Obwohl das Hutmachen, da meine Mutter eine geschickte Putzmacherin war, sehr gut florierte, zogen es meine Eltern doch bald vor, nach der Küste zurückzukehren und noch mehrere Zweiggeschäfte in anderen Städten Venezuelas zu errichten. – Das Hauptgeschäft blieb jedoch in Puerto Cabello und gewann bald einen bedeutenden Umfang, dem mein Vater, der ja kein gelernter Kaufmann war, nicht recht gewachsen war. Nachdem den Eltern zwei Söhne geboren waren, von denen der Älteste schon einige Jahre nach der Geburt starb, kehrten sie 1852 dauernd nach Europa zurück, wo sie sich in Hamburg niederließen. Wenige Tage nach ihrer Ankunft wurde ihnen ein drittes Kind geboren, ein Töchterchen, das beinahe eine Französin geworden wäre, denn die Rückreise vollzog sich auf einem französischen Dampfer, und nach dem damaligen Gesetzen für die Staatsangehörigkeit eines neuen Menschenkindes war die Flagge des Schiffes bestimmend. welche das Schiff trug. Die verschiedenen Zweigniederlassungen des Geschäftes in Venezuela blieben bestehen und mein Vater reiste noch mehrfach in Geschäften nach Venezuela, wobei meist die Bahn bis nach St. Nazaire in Frankreich benutzt wurde. von wo der Dampfer regelmäßig nach Puerto Cabello fuhr. Eine deutsche Linie dahin bestand damals noch nicht. Durch die rege Geschäftsverbindung mit Venezuela kamen häufig Venezuelaner ins Haus, die natürlich nur Spanisch sprachen. Spanisch war dann bei solchen Besuchern die Umgangssprache, und ich erinnere mich deutlich. daß ich als sechs- bis achtjähriges Bübchen viele spanische Brocken aufschnappte. Im Jahre 1862, also sechs Jahre nach meiner Geburt, fuhr mein Vater zum letztenmal in Geschäften nach drüben. Das Geschäft muß damals recht gut gegangen sein, denn wir hatten ein schönes eigenes Haus mit großem Garten und galten allgemein als recht wohlhabende Leute.

Das Hamburg meiner Jugendtage unterschied sich vom heutigen Hamburg ganz außerordentlich. So wurden, um einige packende Beispiele herauszugreifen, bis zum Jahre 1861 jeden Abend um 10 Uhr die Tore der Stadt verschlossen und nur gegen eine besondere Gebühr von vier Schillingen für jeden Fall ausgemacht. Eine Viertelstunde vorher wurde aber mächtig geläutet, damit diejenigen, welche noch ohne Strafgeld die Tore passieren wollten, sich beeilten. Bis Ende der 60er Jahre mußte für alle Lebensmittel. welche in die Stadt eingebracht wurden. eine Steuer, „Accise", bezahlt werden, so daß man vor den Toren. also z.B. in den Vororten St. Pauli und St. Georg nicht unerheblich billiger lebte, als in der Stadt selbst. Andererseits mußten Waren. welche vom „Staate" Hamburg ins „Ausland", d. i. nach Deutschland, eingeführt wurden, Zoll bezahlt werden, ein Umstand, der sich natürlich für sogenannte Kolonialwaren, die also über See kamen. sehr bedeutsam geltend machte. So waren z. B. Kaffee, Zucker, Tee, Kakao in Hamburg wesentlich billiger als im übrigen Deutschland. Dieser Zustand änderte sich erst nach dem Kriege 1870/71. als Hamburg, mit geringen Ausnahmen. dem Zollverein beitrat. Diese Ausnahmen. die sich auf das Hafengebiet beschränkten, sind bis aus den heutigen Tag geblieben. nur ist ihr Umfang erheblich eingeschränkt worden. Bis zum Kriege 1870/71 hatte Hamburg nur eine einzige direkte Eisenbahnverbindung mit dem übrigen Deutschland, diejenige nach Berlin. Wer nach dem Norden wollte, mußte sich zunächst nach Altona begeben; die Reise nach dem nahen Lübeck: ging aus einem großen Umweg über Büchen – die Lübeck-Büchener Eisenbahn ist auch jetzt noch die größte Privateisenbahn Deutschlands –; die Verbindung nach dem Süden. über Hannover, war recht umständlich; man mußte zuerst mit einem Schiff nach Harburg fahren. Von der Landungsbrücke daselbst erreichte man erst in einer halben Stunde den Bahnhof nach Harburg. Auch wer nach Bremen wollte, mußte damals den Umweg über Harburg und Lüneburg machen. Die direkte Verbindung mit Cuxhaven kam noch viel später. In der Poststraße, die ihren Namen mit vollem Recht führte, lagen die Postämter für Preußen, England, Holland, Dänemark, Norwegen, Schweden usw. Wer nach diesen Ländern einen Brief aufgeben wollte, tat wohl daran, ihn eigenhändig zu einem dieser Postämter zu tragen, denn die in der Stadt aufgestellten Briefkästen waren eigentlich nur für Briefe innerhalb Hamburgs da. Für den Notfall nahmen sie freilich auch Briefe nach anderen Ländern mit, falls dieselben genügend frankiert waren! Aber das Briefporto nach allen Ländern war ein verschiedenes und nur der Eingeweihte kannte sich darin aus. Es wurde also von dieser Vergünstigung verhältnismäßig nur wenig Gebrauch gemacht, und man zog im ganzen den Weg nach dem betreffenden Postamt vor. Das Hamburg von damals nahm durchaus eine Sonderstellung im Deutschen Bundesstaate ein – ein Deutsches Reich gab es ja noch nicht – und die Beziehungen z. B. mit England und Dänemark waren meistens viel inniger als mit dem übrigen Deutschland.

Die Vororte St. Georg und St. Pauli trugen in manchen Teilen damals noch ländlichen Charakter, so lag z. B. gegenüber unserem Hause in der Marienstraße in St. Pauli ein großes völlig unbebautes, von hohen Bäumen beschattetes Terrain, in welchem die wichtige Reepschläger- oder Seilergilde ihren Arbeitsplatz besaß. Teilweise im Freien, teilweise unter langen Galerien spannen sie das Garn zu den mächtigen Tauen, deren die Schifffahrt bedurfte. In diesem für Kinder geradezu paradiesischem Gebiete tummelte auch ich mich in der freien Zeit und erwarb mir dabei sehr wahrscheinlich die für das Dauergehen so notwendigen eisernen Kniekehlen, deren ich mich auch heute noch im hohen Alter erfreue. Diese beiden Vororte gingen ganz allmählich in andere baum- und gartenreiche Siedelungen über, in denen außer den Villen wohlhabender Hamburger sich auch zahlreiche kleinere gewerbliche Betriebe befanden, aber keine geschlossenen Straßenzüge. Eimsbüttel im Nordwesten und Barmbek im Nordosten z. B. waren in der Hauptsache noch richtiggehende Dörfer, von weiter gelegenen Orten wie Eppendorf und Hamm ganz abgesehen, in denen man rein ländlich wohnte. Die Verbindung mit der Altstadt wurde teils durch etwas vorsintflutliche Omnibusse, teile durch Privatfuhrwerke der verschiedensten Art vermittelt; Pferdebahnen kamen erst nach 1870/71 auf; von elektrisch betriebenen Straßenbahnen ganz zu schweigen. Nach 1866 wurde die sogenannte „Verbindungsbahn" fertig, welche den Bahnhof in Altona mit dem Berliner Bahnhof in Hamburg verband, allerdings nicht direkt, das letzte Ende mußte man doch zu Fuß zurücklegen!

Mit achtdreiviertel Jahren kam ich, nachdem ich vorher schon vier Jahre lang (!) eine kleine Klippschule besucht hatte, an die damals in sehr gutem Ruf stehende Thurnsche höhere Privatschule in Altona, zu derselben Zeit, als mein älterer Bruder sie verließ, um in eine kaufmännische Lehre zu treten. Die Schule hatte wohl ihren Ruhm bereits hinter sich, denn es herrschte dort ein recht rüder Ton, der nicht milder gestimmt wurde durch die zahlreichen südamerikanischen Privatpensionäre des Direktors. Ich wurde der Schule allmählich recht überdrüssig und war herzlich froh, als mich der Direktor im vierten Schuljahre, die Reitpeitsche in der Hand, wegen irgendeines Vergehens aus der Schule jagte.

Als Junge von etwa 10 Jahren fing ich an, zumeist allein, an Sonntagnachmittagen, natürlich gänzlich zu Fuß, Ausflüge in die Umgebung Hamburgs zu machen, welche ich mit zunehmenden Jahren immer weiter ausdehnte und fortsetzte, bis ich in das Gymnasium im Jahre 1874 zum zweitenmal eintrat. Die Besorgnis, die meine Mutter anfangs hegte, ich möchte mich verlaufen oder mir irgendein Unfall zustoßen, verlor sich bald, als sie merkte, daß ich zu der von mir festgesetzten Zeit meist auf die Minute von meinen Ausflügen zurückkehrte, ein Umstand, der mir in der Familie den Beinamen „Minutenjunge" eintrug. Ich habe diese Angewohnheit, die wohl auf einen angeborenen Zeitsinn zurückzuführen ist, bis auf den heutigen Tag beibehalten und noch heute ist mir die Unpünktlichkeit als eine besonders unsympathische Eigenschaft eines Menschen erschienen. Diese Ausflüge haben mir nach verschiedenen Richtungen hin bedeutenden Gewinn eingetragen. Zunächst verstärkten sie meine mir angeborene außergewöhnliche Gehfähigkeit, welche bis zu meinem 77. Lebensjahr angehalten hat, dann aber infolge einer Überanstrengung plötzlich sehr nachließ. Dann stärkte sie mein schon früh erwachendes Interesse für Geographie und veranlaßte mich, Berichte über diese Ausflüge zu verfassen, die ich zunächst für mich behielt, später aber teilweise in den Zeitungen veröffentlichte. Da ich noch jetzt häufig für Zeitungen schreibe, so kann ich wohl behaupten, daß ich schon seit 65 Jahren in meinem Nebenberuf ein Journalist gewesen bin. Überdies habe ich, nebenbei bemerkt, vor etwa 40 Jahren in Neuhaldensleben wirklich das Amt eines Zeitungsredakteurs ein halbes Jahr lang vorübergehend gleichfalls im Nebenamte verwaltet.

Als größten Gewinn dieser Wanderungen aber möchte ich eine gewisse seelische Einstellung gegenüber Ereignissen im Leben bezeichnen: Durch sie gewöhnte ich mich früh an eine gewisse Selbständigkeit im Leben sowie eine gewisse Unbekümmertheit und Furchtlosigkeit, da ich ja jene Wanderungen fast stets allein unternahm. Erst in der allerneuesten Jugend finde ich ein gewisses Analogon zu meinen Neigungen, womit ich aber keineswegs ihr heutiges Verhalten gegenüber Lehrern und Eltern in vielen Fällen gutheißen möchte.

II. Die Gymnasialzeit

(1869 bis 1877)

Nachdem ich etwa ein Vierteljahr Privatstunden in Latein genommen hatte, trat ich Ostern 1869 in die Quarta der Gelehrtenschule des Johanneums in Hamburg ein. Das Altonaer Gymnasium, das Christianeum, lag unserer in der Vorstadt St. Pauli gelegenen Wohnung erheblich näher, aber es genoß, hinsichtlich der Disziplin, damals einen ziemlich schlechten Ruf, daher zogen meine Eltern es vor, mich in Hamburg anzumelden. Mein Vater hätte es am liebsten gesehen, wenn ich überhaupt nicht in ein Gymnasium eingetreten wäre, sondern mich gleich meinem älteren Bruder dem Kaufmannsstand gewidmet und noch ein Jahr die Thurnsche Privatschule besucht hätte. Der Direktor hätte mich gewiß gern wiedergenommen, schon aus finanziellen Gründen, aber ich hatte danach nicht das geringste Verlangen, obwohl ich dann das sogenannte „Einjährige" gehabt hätte. Zum Kaufmann fühlte ich keine Neigung und besaß dazu auch gewiß keine besondere Befähigung. Ich wollte ein Gymnasium besuchen, und was dann weiter werden sollte, war mir gleich. Meine Privatliebhaberei war schon damals die Geographie, und sie ist es wenn auch mit starken Unterbrechungen, bis auf den heutigen Tag geblieben. Mit mir zusammen traten noch acht Knaben in die Quarta ein, die sämtlich vorher irgendeine höhere private Knabenschule besucht hatten. Ich darf daran erinnern, daß damals die Gelehrten- und die Realschule des Johanneums die einzigen Staatsschulen Hamburgs waren und daß es daneben sehr viel höhere Privatschulen gab, die sämtlichen realen Charakter trugen. Unter den neu Aufgenommenen befand sich einer, zu dem ich mich sogleich hingezogen fühlte. Es war ein hochaufgewachsener Bursche mit hellen Augen und, wie sich sehr bald herausstellte, sehr klarem Verstande, ein deutscher Achilles! Er war der Sohn seines kleinen Bauern aus der hamburgschen Insel Mvorburg, der zugleich Reepschläger, d. h. Seiler, war und hieß Rudolf Peters. Wir schlossen bald enge Freundschaft, die ich ihm bis zu seinem vor acht Jahren erfolgten Tode gehalten habe. Er war ein Mensch mit ganz hervorragenden Eigenschaften des Geistes und Charakters und wäre sicher im Leben etwas ganz Bedeutendes geworden, wenn ihm nicht zwei Fehler angehaftet hätten. Der eine war ein beinahe vollständiger Mangel an Wirklichkeitssinn, der andere. der mit jenem zusammenhing, eine geradezu verblüffende Menschenunkenntnis. Er wurde anfangs Geistlicher in einem hamburgischen Dorfe. hatte infolge seiner Beredsamkeit und Menschenliebe einen ungeheueren Zulauf; dann wurde er aus rein ideellen Gründen ein Wortführer der Sozialdemokratischen Partei, schrieb in ihrem Sinne verschiedene Bücher philosophischen Inhalts, die damals viel gelesen wurden, wurde von seiner Partei, deren Vaterlandslosigkeit er zu spät erkannte. schnöde im Stich gelassen. wurde wieder Pfarrer unter einer ganz rechts gerichteten Landesregierung und starb dann als solcher in einer kleinen Gemeinde oben aus dem Thüringer Wald. von ihr tief betrauert.

Er war der einzige Klassenkamerad, dem ich mich während der Gymnasialzeit näher anschloß, aber merkwürdigerweise hielten wir neun neu Aufgenommenen bis zur Untersekunda einschließlich äußerlich eng zusammen. In den Realien waren wir aus leicht begreiflichen Gründen den übrigen Klassengenossen weit voraus; aber auch in den alten Sprachen blieben wir, mit einigen Ausnahmen. zu denen auch ich gehörte, den übrigen voraus.

16

Den Krieg 1870/71 erlebte ich als Untertertianer. Ich muß gestehen, daß er mich viel weniger ergriffen hat als der Schleswig-Holsteinische Krieg von 1864. obwohl ich damals das achte Lebensjahr noch nicht vollendet hatte. Der Grund hierfür ist sehr einfach. Bei dem Krieg 1864 sah ich mit eigenen Augen die österreichischen Regimenter mit ihren kleidsamen weißen Uniformen durch St. Pauli nach Altona ziehen. wurde doch damals Holstein von den Österreichern, Schleswig von den Preußen besetzt. Der Krieg war uns also räumlich wie vor die Nase gerückt. 1870 dagegen bestand für uns Jungen der Krieg eigentlich nur in unzähligen Illuminationen und Festzügen, die nach den vielen Siegen der Unserigen in Frankreich gefeiert wurden. Nur einmal trat mir die Bedeutung dieses Krieges unmittelbar vor die Seele. Das kam so. Mein Schulweg führte mich in direkter Linie gerade durch das umfangreiche Börsengebäude. Als ich nun am Morgen des 2. September durch den Börsensaal schritt, sah ich aus den Galerien des ersten Stockwerkes eine größere Menschenmenge und mitten darin einen Mann stehen, der Ruhe gebot. Er zog ein Papier aus der Tasche und las die benannte Depesche vor des Inhalts, daß Sedan kapituliert habe und Napoleon gefangen sei. Das ging mir denn doch an die Nieren. Spornstreichs lief ich mit eiligen Schritten, am Johanneum angelangt. in die Privatwohnung unseres Direktors Prof. Dr: Claßen und verkündete ihm atemlos. was ich eben gehört hatte. Der Direktor hatte aus einem mir unbekannten Grunde schon früher Interesse an mir an den Tag gelegt, glaubte daher sofort meinen Worten und ordnete an. daß die gesamte Schule sich in der Aula versammeln sollte. Gleichzeitig schickte er der Vorsicht wegen aber noch einen Boten nach dem nahen Telegraphenamt, welches meine Botschaft bestätigte. Nun wies der Direktor mit kurzen, packenden Worten auf das Ereignis hin und entließ sofort die Schule, da ein solcher Tag nicht durch die gewöhnliche Tagesarbeit entweiht werden solle. Damals konnte man noch solche Maßregeln ergreifen, ohne erst die Vorgesetzte Behörde um Genehmigung zu bitten! So kam es, daß indirekt durch meine Veranlassung die Gelehrtenschule des Johanneums wohl eine Stunde früher schloß an diesem Tage, als alle übrigen Schulen! Unter den Lehrern, deren Unterricht ich bis zu meinem provisorischen Abgang aus der Untersekunda genoß, machte nur einer, Dr Reinstorff, auf mich, aber auch auf die meisten Klassenkameraden, durch die Urwüchsigkeit seines Wesens und die Strenge seines Unterrichts, einen größeren Eindruck. Ich habe ihm in der Zeitschrift „Das Johanneum", Mitteilungen des Vereins ehemaliger Schüler der Gelehrtenschule des Johanneums, ein kleines Denkmal gesetzt. Im übrigen hatten wir Schüler unter uns so gut wie keine Verbindung miteinander, stammten wir doch aus ganz verschiedenen Lebenskreisen und wohnten in Stadtteilen, die oft über eine Stunde voneinander entfernt lagen. Straßenbahnen u. dgl. gab es natürlich damals noch nicht, so kamen wir außer der Schule kaum je miteinander zusammen. Mein Schulweg, den ich stets zu Fuß zurücklegte und auch im Winter nur selten mit einem Mantel bekleidet, da meine Mutter das nicht für nötig hielt, führte mich tagtäglich durch Straßen, die für zart besaitete Gemüter gerade nicht verlockend waren. Neben unzähligen Trödelläden und Karren umherziehender Händler gab es auch manche Häuser mit recht bedenklichen Insassen weiblichen Geschlechtes, die sich gern in den Türen derselben aufhielten. Wahrscheinlich hat mich der tagtägliche Anblick derselben schon früh mit Widerwillen gegen solche Mädchen erfüllt und mich dadurch im reiferen Alter vor näherer Berührung mit ihnen bewahrt. Da der Unterricht meist bis 3 Uhr nachmittags dauerte, kam ich erst gegen ¾ 4 Uhr nach Hause, um das Mittagsmahl einzunehmen. Das war aber im damaligen Hamburg die normale Mittagszeit. Meine bis auf den heutigen Tag andauernde Vorliebe für Fische, Breie und Grütze aller Art, Abneigung gegen überwiegende Fleischnahrung, stammt aus jener Zeit im Elternhause, das jene Speisen bevorzugte. Ohne Zweifel verdanke ich dieser Ernährungsweise nicht zum geringsten meine für mein hohes Alter noch immer gute Gesundheit.

Ostern 1873 verließ ich nach Absolvierung der Untersekunda die Schule, um mich, wie es im Abschlußzeugnis lautete, „einem praktischen Beruf zu widmen". Das hängt so zusammen: Ich wußte damals mit den klassischen Sprachen nichts anzufangen, und ich hatte daher die Absicht, zunächst praktisch aus einem Ingenieurbüro zu arbeiten, um später das Wasserbaufach zu ergreifen. dem sich ein entfernter Verwandter von mir mit Erfolg zugewandt hatte, und für das ich infolge meiner unzweifelhaft mathematischen Begabung gewisse günstige Vorbedingungen besaß. Ich trat nun für ein halbes Jahr in ein privates, sogenanntes Propolytechnikum ein und während dieser Zeit erfuhr mein Leben zwei außerordentlich bedeutende Veränderungen. Einmal verlor mein Vater durch den Bankrott befreundeter Geschäftshäuser in Venezuela innerhalb einer Woche sein ganzes, für die damaligen Verhältnisse recht beträchtliches Vermögen, besaß also nicht mehr die Mittel, mich auf einer höheren Schule oder gar Universität erhalten zu können, und dann glaubten meine Lehrer auf dem Propolytechnikum, unter ihnen der damals sehr bekannte Schlottke, der bald ein berühmt gewordenes Lehrbuch der „Darstellenden Geometrie" herausgab, eine ganz besonders große Anlage für Mathematik bei mir entdeckt zu haben. In der Tat beherrschte ich die Anfangsgründe der höheren Mathematik; so außerordentlich schnell, daß ich in der Lage war, hervorragende Schriften der größten Mathematiker, z. B. von Gauß und Riemann, nicht bloß zu lesen, sondern auch zu verstehen. Kurzum ich wurde für ein frühreifes mathematisches Wunderkind erachtet. Nun hat sich ja, glücklicherweise kann ich wohl sagen, diese Annahme nicht erfüllt, denn ich bin ein gewöhnliches Menschenkind geblieben. Aber die Notwendigkeit, von jetzt ab auf eigenen Füßen stehen zu müssen und die sich eröffnende Möglichkeit, durch meine mathematischen Fähigkeiten mir frühzeitig mein Brot zu verdienen, wandelten mich in wenigen Monaten vollständig um und machten aus einem ahnungslosen Knaben einen selbstbewußten Mann, der von nun an ein festes Ziel im Auge hatte. Nach halbjährigem Besuch des Propolytechnikums trat ich als Eleve in das städtische Ingenieurbüro ein, in welchem ich ein volles Jahr verblieb. Während dieser Zeit überzeugte ich mich, daß mein zeichnerisches Talent nicht gleichen Schritt hielt mit dem mathematischen, vermutlich wegen eines Augenfehlers, welchen ich von Jugend auf besessen habe. In einem praktischen Beruf wäre ich also dazu verurteilt worden, ein Stümper zu bleiben. Ich beschloß daher, aufs Gymnasium zurückzukehren, um dasselbe zu absolvieren. Um die Mittel für das recht hohe Schulgeld, das mein Vater nicht aufbringen konnte, zu erlangen, eröffnete ich eine kleine Privatschule für solche Schüler, die in oberen Klassen in Mathematik: nicht mitkommen konnten und hatte bald einen so gewaltigen Zulauf, daß ich noch einen Gehilfen annehmen mußte. In dieser Zeit konzentrierte sich mein ganzes Interesse auf die Mathematik. In der Stadtbibliothek, die damals im Hauptflügel des Johanneumsgebäude untergebracht war, war ich jetzt täglicher Gast und bald hatte ich alle mathematischen Bücher, die sie besaß, gelesen und – zum Teil wenigstens – auch durchgearbeitet. Besonderes Interesse besaß ich damals für geometrische Lösungen algebraischer Aufgaben, namentlich wenn sie recht verwickelt waren, während ich dem bloßen Differentieren und Integrieren wenig Geschmack abgewinnen konnte. Ich ahnte freilich damals noch nicht ihr großes Anwendungsfeld beim Lösen rein physikalischer Probleme, das mir auch später nicht besonders eingegangen ist. Nebenbei nahm ich selbst noch Unterricht im Lateinischen und Griechischen, um Michaelis 1874 womöglich die Aufnahme in die Unterprima zu erlangen. Das gelang mir allerdings nicht, ich wurde nur für die Obersekunda zugelassen mit der Aussicht, Ostern 1875 nach Unterprima versetzt zu werden, was dann auch geschah. Meine mathematische Privatschule mußte ich natürlich aus verschiedenen Gründen aufgeben, aber ich erhielt soviel Aufforderungen, mathematischen Privatunterricht zu geben, daß es mir um die finanzielle Sicherheit meiner Existenz nicht bange war. In den 2 ½ Jahren, die ich noch am Gymnasium zubrachte, habe ich mir so nicht nur das hohe Schulgeld verdient, konnte nicht nur meiner Leidenschaft, Dramen im Theater zu besuchen, fröhnen, sondern konnte auch noch so viel Geld zurücklegen, daß ich davon wenigstens während der ersten Jahre meines Studiums die Kosten desselben zu einem großen Teil bestreiten konnte.

In der Schule gefiel es mir bei weitem besser als früher. Ich gewann auch großes Interesse an den griechischen und lateinischen Schriftstellern und, wie mir das Abgangszeugnis bestätigt, genügend Verständnis für sie. Im lateinischen Aufsatz dagegen und besonders in der Grammatik blieb ich ein großer Stümper, und daher fiel auch die Mehrzahl der schriftlichen Arbeiten mangelhaft oder ungenügend aus. Besonderes Interesse wandte ich religiösen Fragen zu und in der Religionsstunde war ich dem Lehrer Lic. Metz ein recht unbequemer Schüler durch meine fortwährenden Einwendungen, auf die er sich mit großer Geduld beständig wieder einließ, ohne mich von seinen Ansichten überzeugen zu können. Von meinen Mitschülern bekam ich dafür den nicht übel gewählten Spitznamen „criticus". Es herrschte damals unter den Lehrern ein großer Zwiespalt, nachdem unter Hoches Direktion ein ganz neuer Geist eingezogen war, der seine guten und seine weniger guten Seiten hatte. Der Zwiespalt ging so weit, daß sich die älteren und die durch Hoche herbeigezogenen Lehrer einander kaum noch grüßten. Wir älteren Schüler ergriffen fast immer die Partei der älteren Lehrer, die an Originalität den jüngeren weit überlegen waren, die aber die Kunst des Einochsens lange nicht so gut verstanden. Unser Mathematiker Dr Hermann Schubert, ein durch seine mathematischen Bücher weithin bekannter Mann, gehörte zwar auch zu den jüngeren Lehrern, war sehr wahrscheinlich der allerjüngste, aber er war allgemein unter den älteren Schülern so beliebt, daß er nicht zu den Hocheschen, sondern zu den älteren Lehrern gerechnet wurde. Über ihn kursierten die fabelhaftesten Anekdoten, von denen einige aber wahr sind. Seine Lieblingsschüler lud er zuweilen zum Kaffee ein, denen er immer wieder mit Stolz seine Kaffeedecke zeigte, in welche ein reguläres Siebzehneck mit sämtlichen Diagonalen wundervoll eingestickt war. Als mathematisches lumen stand ich mich mit ihm besonders gut und er machte gern einmal die Augen zu, wenn ich ab und zu, statt in die Mathematikstunde zu kommen, auf der Stadtbibliothek alte mathematische Schmöker durchstöberte, wenn ich nur wenigstens an den Tagen da war, wo Extemporalien geschrieben wurden. Solange ich als Student mich noch für Mathematik interessierte, bin ich mit ihm in lebhaftem Briefwechsel gestanden. Später hörte das von selbst auf. Mehrfache Berufungen als Universitätsprosessor hat er stets abgelehnt. Man sagte allgemein, weil er fürchtete, anderswo nicht so gut essen zu können wie in Hamburg, aber dies war wohl nur ein Scherz! Schönheit zierte sein Gesicht nicht, denn seine Nase glich einer ausgeschwemmten Kartoffel ungewöhnlich. Aber bei seinen Schülern, auch den nicht mathematisch interessierten, war er durch seine witzig-schlagfertige Art sehr beliebt. Große Freude hatte ich auch an den Vorträgen, die der Maler Günther Gensler einmal in der Woche nach der letzten Schulstunde nachmittags hielt und meist mit einer Nachsitzung in einer benachbarten Kneipe endigte. Für bildende Kunst ging uns damals ein Licht auf, das bis zum heutigen Tag vorgehalten hat. Um diese Zeit fällt auch meine erste Bekanntschaft mit dem Philosophen und Physiker Gustav Theodor Fechner, dessen Welt- und Lebensauffassung später der Leitstern für mein Leben geworden und es noch immer ist. Es war das Buch „Prosessor Schleiden und der Mond", eines seiner weniger bedeutenden Schriften, das aber doch den Spruch bewahrheitet „Ex ungue leonem". So kam endlich der 8. März 1877 heran, an welchem Tage ich mein mündliches Abiturexamen machen sollte. Die äußeren Vorbedingungen dazu waren denkbar ungünstig; zwei Arbeiten hatte ich gänzlich ungenügend, zwei ziemlich befriedigend geschrieben, im deutschen Aufsatz hatte ich allerdings gut mit Einschränkung, in Mathematik natürlich sehr gut.

Wie mir später berichtet wurde, war die Mehrheit der Prüfungskommission gegen die Zulassung zum mündlichen Examen, namentlich der Vertreter des Griechischen, Professor Eyssenhardt, der spätere Direktor der Hamburger Stadtbibliothek, wandte sich sehr energisch dagegen, doch gelang es- der Überredungskunst von Dr Schubert, die Zulassung zu erwirken. Ich selbst war sehr gut aufgelegt, gab noch unmittelbar vor Beginn der Prüfung eine mathematische Privatstunde und übersetzte zum Erstaunen der Kommission aus mehreren lateinischen und griechischen Schriftstellern leicht und geläufig, ebenso aus einem französischen Schriftsteller. Dr Schubert gab mir willkommene Gelegenheit zu zeigen, daß ich von der Mathematik bedeutend mehr verstand, als- sonst von Abiturienten des Gymnasiums- verlangt wurde und ließ mich einen völlig neuen Beweis des- bekannten Eulerschen Lehrsatzes in der Stereometrie demonstrieren. Als er anfing, mich in der Differential- und Integralrechnung zu prüfen, die damals für das- Gymnasium ein Buch mit sieben Siegeln war, rief alles: „es sei genug, die Prüfung sei beendet!" Ich hatte bestanden. Es hat mir später oft leid getan, daß ich mit so äußerst mangelhaften Kenntnissen in der lateinischen und griechischen Grammatik: die Schule verließ; es lag dies weder an meinen sonstigen Fähigkeiten noch etwa an einem schlechten Gedächtnis, das im Gegenteil ausgezeichnet war, sondern vielmehr an einer Charakterschwäche, die die Note, welche ich in „Fleiß" erhielt, sehr gut so charakterisierte: „sehr ungleich und von der Vorliebe für einzelne Gegenstände stark beeinflußt".

Leider habe ich bis- auf den heutigen Tag diese Schwäche behalten, sie hat sich für mich oft verhängnisvoll ausgewirkt. Sie wäre vielleicht überwunden worden durch rechtzeitige, erzieherische Maßnahmen. Aber es ist nicht geschehen und nun ist es zu spät geworden!

Als ich beim Direktor Hoche meinen Abschiedsbesuch machte, sagte er mir, daß nach den Akten seit 100 Jahren ich als erster wieder das Studium der Mathematik als Lebensaufgabe ergriffen hätte. Weitaus die Mehrzahl der Abiturienten der Gelehrtenschule des Johanneums gehören entweder der juristischen oder der medizinischen Fakultät an. Der Direktor machte zugleich die mir sehr erfreuliche Mitteilung, daß er mein Gesuch um Verleihung einige der freigewordenen Stipendien an der Schule an mich warm befürwortet habe. In der Tat erhielt ich bald darauf die Nachricht, daß mir auf drei Jahre je 600 Mk. bewilligt seien. Da ich nun, wie schon früher bemerkt, durch Privatstunden eine sehr erhebliche Summe erübrigt hatte, so war meine materielle Existenz auf drei Jahre, obwohl mir mein Vater auch keinen Pfennig mitgehen konnte, gesichert.

III. Die Studienzeit I

(1877 bis 1880)

Für die Hamburger Abiturienten war damals Freiburg, als die von Hamburg am weitesten gelegene Universitätsstadt, besonders beliebt.

Von uns acht Abiturienten gingen nicht weniger als fünf, darunter auch ich, nach Freiburg, und ich habe diese Wahl auch keinen Moment bereut. Wie atmete ich auf, als sich die Räder des Zuges in Bewegung setzten, der uns nach dem Süden bringen sollte! Nicht nur Familienverhältnisse hatten mir zuletzt den Aufenthalt in Hamburg verleidet, es kamen noch äußere Umstände hinzu: das feuchte Klima, die Häusermassen und endlich der manchmal mehr als steife Ton seiner Bewohner. So wenig ich die ganze Bedeutung meiner Vaterstadt verkenne, und so sehr ich auch einzelne Vorzüge zu schätzen weiß, ich habe Hamburg gern verlassen, das ich fortan nur noch auf kürzere Zeit und immer seltener besucht habe, je mehr ihre erfreulichen Besonderheiten hinter einer werdenden Weltstadt verschwanden.

Damals zählte Freiburg nur wenig über 300 Studenten, darunter beinahe ein Drittel aus Norddeutschland, und man konnte in dieser herrlich gelegenen Stadt für 15 Mk. im Monat in bester Lage eine sehr gute Bude haben. Ich hatte mir von vornherein vorgenommen, nur wenig Kollegien zu besuchen, besonders deswegen, um die schöne Umgegend der Stadt mit ihrer allemannischen Bevölkerung gründlich kennenzulernen. Da ich ganz außergewöhnlich gut zu Fuß war, ist mir das auch mit verhältnismäßig wenig Kosten gut gelungen. Mit meinen Konabiturienten kam ich wenig zusammen, dagegen schloß ich mich zwei Badensern enger an. Der eine, Julius Becher, wurde später Regierungspräsident in Freiburg, der andere, Ludwig Neumann, nach einer Schullaufbahn in Heidelberg, Universitätsprofessor der Geographie, gleichfalls in Freiburg. Bis an ihr, leider schon vor mehreren Jahrzehnten erfolgtes Ende, habe ich ihnen die Treue gehalten.

Von den vielen schönen Wanderungen, die ich von Freiburg aus unternahm, sei hier eine etwas näher geschildert, es war die fünftägige Fahrt nach dem Bodensee: Ich marschierte zu Fuß von Freiburg ab über Gieshügel, die Halde, nach Todtnau, dann über Schlechtnau, Geschwend, Todtmoos nach Todtmoosau, das damals natürlich noch nicht der weltbekannte Luftkurort war, welcher von Tausenden von Sommerfrischlern jährlich heimgesucht wird. Der nächste Tag führte mich in das einzig schöne Wehratal hinab nach Brennet, von wo ich mit der Bahn über Säckingen, Waldshut nach Neuhausen fuhr, um den Rheinfall zu sehen, weiter mit der Bahn über Schaffhausen nach Konstanz. Auch das Inselhotel war damals noch nicht das vornehme Absteigequartier für die oberen Zehntausend. sondern auch schmäleren Börsen zugänglich. Nach einem Abstecher zur Insel Mainau ging's mit der Bahn nach Rorschach, von do zu Fuß über Heiden zur Antonikapelle, von wo ich zum erstenmal einen Blick in die Alpenwelt (Säntis und Bregenzer Berge) genoß. Steil hinab ging es nach Altstetten und von da mit der Bahn nach Bregenz. Am dritten Tage bestieg ich zuerst den Gebhardsberg und fuhr dann zu Schiff über Lindau und Friedrichshafen nach Konstanz, weiter mit der Bahn nach Singen und hinauf zum Hohentwiel. Ich hatte kurz vorher zum erstenmal Meister Scheffels „Ekkehard" gelesen, und man kann sich denken, welchen Eindruck auf ein empfängliches Gemüt der alte Phonolitkegel mit der Burg droben machte, zumal bei einer prachtvollen Abendstimmung. Am letzten Tage fuhr ich mit der Bahn über Triberg nach Hornberg, dann

ging's zu Fuß steil auf den Gschasikopf und hinab durch unver-
fälschtes Schwarzwaldland über Elzach nach Waldkirch und mit
der Bahn nach Freiburg zurück.

Heutzutage, in den Zeiten der Kraft-durch-Freude-"Fahrten",
bedeutet ja eine solche Tour nichts; ganz anders damals vor beinahe 60 Jahren, als größere Wanderungen Studierender noch eine
Seltenheit bildeten. Eine Ahnung von der Schönheit der Welt
ging mir damals auf, die wohl unbewußt die Triebkraft zu unzähligen größeren und kleineren Wanderungen durch die Heimat
und die Fremde gewesen ist.

Bei einer späteren Schwarzwaldfahrt kehrten wir einmal spät
abends auf dem Belchengasthof ein. Wir waren noch nicht lange
da, als ein Mann mittleren Wuchses mit schnellen Schritten die
Gaststube betrat und sich an einen leergebliebenen Tisch setzte.
Es war, wie mir der Wirt zuflüsterte, Joseph Victor von Scheffel,
der besonders von uns Studenten hochgeschätzte Verfasser des
Trompeter von Säckingen, Ekkehard usw. Wir hätten gern ein
Gespräch mit ihm angefangen, aber er zeigte sich sehr abweisend
und begab sich bald in sein Zimmer. Wie der Wirt uns sagte,
besuchte er häufig abends das Belchengasthaus, um am nächsten
Morgen früh wieder zu verschwinden. Er war schon damals ein
einsiedlerischer, kranker Mann, und ist ja einige Jahre darauf
schon gestorben.

Von den wenigen Vorlesungen, die ich hörte, erwähne ich besonders diejenige von Thomae, der später lange in Jena gewirkt
hat, über synthetische Geometrie, von welcher aber nur derjenige
etwas gehabt haben wird, der, wie ich, mit der Materie schon
ziemlich vertraut war. In dem Sommersemester 1877 war er gerade Dekan der philosophischen Fakultät, die, wie damals überall
in Deutschland, noch mit der naturwissenschaftlichen vereinigt
war. Die Fakultätssitzung fand gewöhnlich nach der Vorlesung
statt, die Thomae hielt, und nicht selten ham der Pedell herein in
die Vorlesung, um den Professor zu ermahnen, daß es die höch-

ste Zeit sei, in die Sitzung zu gehen. Der andere Mathematiker, Ludwig Kiepert , an dessen „Übungen" ich mich gern beteiligte, war jung verheiratet und wohnte mit gegenüber. Er war gleich mir darauf bedacht, bei schönem Wetter Ausflüge in die Umgebung zu machen, und nicht selten schickte er zu mir herüber mit der Anfrage, ob wir nicht bei schönem Wetter die „Übungen" ausfallen lassen sollten. Ich versprach ihm dann, den beiden Herren, die sich außer mir noch an ihnen beteiligten, Nachricht zu geben und die Sache war erledigt! Selbstverständlich wurden die so ausgefallenen Stunden bei einer anderen Gelegenheiten wieder nachgeholt. Ich erwähne das nur, um zu zeigen, welche idyllischen Zustände damals noch an einer Universität waren. Tempi passati! Physiker war damals der junge Hamburger E. Warburg, der später als Direktor der physikalischen Reichsanstalt in Berlin sich einen großen Namen gemacht hat. Am liebsten hörte ich aber die Vorträge des Historikers von Holst über die französische Revolution von 1789, welcher später als Professor an die Universität Chicago ging und dort leider schon früh verstorben ist. Seine Beredsamkeit war hinreißend und wurde von Kennern mit derjenigen von Treitschke verglichen, nur daß letzterer, da er ja taub war, sehr viel undeutlicher sprach. –

Anfang August kehrte ich nach Hamburg zurück, um während der Universitätsferien in einer in Flottbeck wohnenden Familie den Haushofmeister zu spielen. Diese Rolle war zwar nicht sehr erfreulich, weil der Sohn des Hauses alles andere als eine angenehme Erscheinung war, aber sie war wenigstens sehr einträglich und hat mit dazu beigetragen, meine Betriebskasse erheblich zu vermehren.

Außerdem war es natürlich sehr angenehm, einen großen Teil des Tages in dem schönen Flottbeck zu weilen, wo die Familie einen ausgedehnten Grundbesitz besaß. Variatio delectat! Ich hatte nicht die Absicht, nach Freiburg zurückzukehren, sondern wollte es mit Tübingen vertauschen. Aber am Tage vor meiner

Abreise dahin traf ich einen Bekannten aus meiner Jugendzeit, der das Christianeum in Altona absolviert hatte und in Würzburg Medizin studieren wollte. Es war ein netter Kerl, und in einer halben Stunde hatte er mich herum, ihn dahin zu begleiten. Ob Tübingen oder Würzburg, das war mir im Grunde gleichgültig, wenn ich nur eine andere schöne süddeutsche Gegend kennenlernte! Meinen Eltern war es natürlich auch recht, denn ich bestritt ja meinen Lebensunterhalt allein. Ich habe diesen schnellen Frontwechsel keinen Augenblick zu bereuen gehabt, denn alles in allem war mir der Aufenthalt in Würzburg der liebste von den drei Universitäten Freiburg, Würzburg und Straßburg. Würzburg hatte damals ungefähr viermal soviel Studenten als Freiburg und namentlich die medizinische Fakultät, der wohl die Hälfte aller Hörer angehörte, genoß damals den Ruhm, nach Berlin die zweite Deutschlands zu sein. Ihre Professoren waren lauter „Kanonen", wie man jetzt zu sagen pflegt, und ihr Glanz färbte auch auf die Mitglieder der naturwissenschaftlichen Fakultät ab, die sich mit jeder anderen deutschen Universität messen konnte. Als Licht allerersten Ranges führe ich zuerst den weltberühmten Botaniker Julius von Sachs an, seinerzeit wohl der größte Pflanzenphysiologe der Welt. Selbstverständlich versäumte auch ich nicht, bei ihm zu belegen und - zu besuchen! Das letztere war nämlich gar nicht leicht. Seine Zuhörer waren ganz überwiegend Mediziner der ersten Semester, die unmittelbar vor ihm bei Wislicenus Chemie hörten. Nun lagen die beiden Gebäude, in denen Sachs und Wislicenus lasen, etwa 10 Miinuten auseinander, und man mußte sich höllisch sputen, um rechtzeitig zu Sachs zu kommen. Es entstand daher jeden Wochentag, mit Ausnahme von Samstag, ein wahrer Wettlauf auf der Straße, um ja noch rechtzeitig bei Sachs einen Sitzplatz zu bekommen. Sein Hörsaal war viel zu klein, als daß alle Hörer hätten sitzen können. Von den Stehplötzen aber konnte man weder die Experimente ordentlich sehen, noch den Redner verstehen, denn Sachs sprach zwar sehr flüssig und verständlich, aber ziemlich leise. Dank meiner ausgebildeten Gehfähigkeit gelang es mir fast immer, meine Kommilitonen im Lauf zu überholen und einen Platz in den vordersten Sitzreihen zu erhalten. Sachs' Vorlesung war wohl die beste, die ich während meines ganzen Studiums je gehört habe und ist mir unvergeßlich geblieben. Leider ist der berühmte Gelehrte verhältnismäßig früh gestorben; als ich ihn hörte, stand er auf dem Zenit seines Ruhmes. Auch die Chemie war durch Wislicenus sowie die Physik durch Kohlrausch nicht weniger glänzend vertreten, als die Zoologie durch Semper und die Geologie durch Sandberger. Bei letzteren beiden schindete ich auch zuweilen; auch Kohlrausch habe ich öfters geschwänzt, dagegen war das Kolleg bei Wislicenus durch den Glanz seiner Sprache und seiner Persönlichkeit beinahe ein ebenso hoher Genuß, wie das von Sachs. –

Von den beiden Mathematikern bin ich eigentlich nur Prym nähergetreten, ihm allerdings sogar recht nahe. Prym galt als der reichste Hochschulprofessor in Würzburg, er stammte aus oder Aachener Gegend und stand großen Fabrikanten daselbst sehr nahe. Auf die Zahl seiner Zuhörer legte er nicht das geringste Gewicht; im Gegenteil schien es mir so, als ob er durch einen gewissen nonchalanten Vortrag seine Zuhörer abschrecken wollte. Der wenigen Studenten jedoch, die bei ihm aushielten, nahm er sich sehr an und lud sie öfters zum Mittagessen oder Kaffee in sein Haus ein, das geradezu fürstlich eingerichtet war. Er merkte bald, daß ich, obwohl erst im zweiten Semester stehend, über weit größere mathematische Kenntnisse verfügte als andere, die schon vor dem Staatsexamen standen, und machte sich, namentlich in meinem zweiten Würzburger Semester, offenbar ein großes Vergnügen daraus, mich in seine mathematische Spezialität, die Riemannsche Funktionentheorie, näher einzuweihen, in welcher er in Deutschland neben Christoffel in Straßburg erste Autorität war. Als ich in Übungen, die er abhielt, eine mir gestellte

Ausgabe aus diesem Gebiete überraschend schnell löste, machte er mir den Vorschlag, sein Privatassistent zu wenden. Das war ja für mich, der ich erst im dritten Semester stand, sehr ehrenvoll und wäre auch sehr rentabel gewesen, denn die Renumeration, die er mir geben wollte, war recht bedeutend und hätte mich aller Existenzsorgen entzogen, aber nach reiflicher Überlegung lehnte ich doch seinen Vorschlag ab. Denn er hätte mich zu einseitig aus die Mathematik und zu einseitig auf Würzburg festgelegt und das lag durchaus nicht in meinem Lebensplan. Ich wollte erst einen viel größeren Überblick- über die Wissenschaft gewinnen und meine Kenntnisse von Deutschlands Land und Volk erweitern. Ich habe diesen Entschluß nie bereut und außerdem glaube ich bestimmt, daß Prym meine mathematischen Fähigkeiten sehr überschätzt hat. Ich verbinde ein schnelles Ausfassungsvermögen mit einem sehr guten Gedächtnis, aber mir fehlt durchaus der schöpferische Geist, der Mathematik; neue Bahnen zu weisen oder wenigstens neue Probleme auszuwerfen.

Prym hat übrigens meine Ablehnung keinen Augenblick übelgenommen, mir im Gegenteil seine Freundschaft bewahrt, bis meine Neigungen mich zu anderen Gebieten zogen und der Mathematik entfremdeten.

Nun möge man durchaus nicht glauben, daß ich in meinen beiden Würzburger Semestern nur gebüffelt und Vorlesungen besucht hätte! Ganz im Gegenteil! Ich habe die mainfränkische Luft, die ich ein Jahr hindurch atmete, voll in mich aufgenommen, habe die nähere und weitere Umgebung, dank meiner schon Mehrfach erwähnten Gehfähigkeit, eifrig durchstreift und auch seine Bevölkerung gut kennengelernt, das letztere dadurch, daß ich der Korporation „Asciburgia" beitrat. Die schon 1851 gegründete Verbindung hat ihr äußeres Gewand vielfach gewechselt, aber ihre Mitglieder rekrutierten sich ganz überwiegend aus Unterfranken, wie schon ihr Name der soviel wie Aschaffenburg bedeutet, besagt. Freundlichen Einladungen meiner Bundesbrüder, sie in ihrer Heimat aufzusuchen, bin ich gerne gefolgt und habe dadurch Einblicke in einen deutschen Volksstamm gewonnen, der sich von den Alemannen, die ich in Freiburg kennengelernt hatte, stark unterscheidet. – Die Alemannen sind ein durchweg ernster und schwerblütiger Volksstamm, während im Gegensatz hierzu die Mainfranken leichtblütig und den Freuden des Lebens sehr zugänglich sind. Es gibt aber auch Ausnahmen, und zu denen gehörte mein Freund Karl Flach in Aschaffenburg. in dessen Familie ich die Weihnachtstage verbringen durfte und dadurch zugleich die Reisekosten nach Hause sparen konnte. Er ist später ein weithin gesuchter Arzt geworden, hat unter anderem den berühmten Dirigenten von Bülow von einem langjährigen Leiden kuriert, stand in hohem Ansehen bei der weitgereisten Schwester Therese des Prinzregenten Luitpold von Bayern und war einer der bekanntesten Käfersammler Europas. Leider starb er schon in verhältnismäßig jungen Jahren in geistiger Umnachtung. Nächst meiner Frau hat mir kein Mensch so nahegestanden, wie dieser äußerst begabte Mann, der ein so trauriges Ende gefunden hat.

Im Sommersemester 1878 dehnte ich meine Fußwanderungen von Würzburg noch weiter bis in die Fränkische Schweiz aus, steht doch die nächste Umgebung an Naturreizen weit hinter der von Freiburg zurück. Die schöne Lage am Mainstrom und das weite Rebengelände können keinen Ersatz für die wundervollen Hochwälder bieten, die Freiburgs nächste Umgebung zieren. Mit den Weinbergen ist es sowieso eine eigene Sache, wenn man sie jeden Tag vor der Nase hat. Den sgrößten Teil des Jahres über sind sie kahl und sehen langweilig aus, nur im Spätherbst, wenn Weinlese ist und man in jedem Weinorte Federweißen trinken und dazu Walnüsse knabbern kann, bilden sie einen angenehmen Aufenthalt. Ich habe diese Zeit, namentlich bei meinem zweiten Aufenthalt in Würzburg, im Kreise meiner Bundesbrüder reichlich ausgenutzt und weiß, wie halsbrecherisch die lange Steige ist, die von Unterdürrbach nach Würzburg hinabführt, wenn man genügend Federweißen im Kopf hat!

Anfang August 1878 ging's wieder in die Heimat, und wenn ich diesmal auch nicht mehr Haushofmeister in Flottbeck spielen konnte, so gab es doch andere Gelegenheiten genug, dem erschöpften Geldbeutel wieder aufzuhelfen. Ende Oktober fuhr ich wieder in das Semester, aber diesmal nicht nach Würzburg, sondern nach Straßburg, das ich schon einmal flüchtig im Mai 1877 von Freiburg aus kennen und schätzen gelernt hatte.

Straßburg, „Du Burg der Weisheit am Rhein, du Straße für geistrisches Leben", wie Scheffel einst zur Gründung seiner Universität vor damals sechs Jahren gesungen hatte, weicht in der Zusammensetzung seiner Bevölkerung von derjenigen Freiburgs und Würzburgs erheblich ab. Die Straßburger sind durch einen kräftigen Einschlag rechtsrheinischen Deutschtums, man darf wohl sagen aller Stämme, zu einer Volksschicht umgewandelt worden, die merkwürdige Gegensätze aufweist. In gewissen Quartieren uwd in bestimmten Tavernen, wo die Alt-Elsässer ihr leichtes und billiges Reichsbier trinken, findet man ganz andere Menschen als in denjenigen Stadtteilen, in denen vorzugsweise die Altdeutschen wohnen und in modernen Restaurants ihr Münchener Bier trinken, das zwar stärker als das Straßburger, aber auch viel teurer ist. Als neutrales Gebiet kann man wohl die sehr gemütlichen Weinkneipen bezeichnen, in denen man neben gutem Essen einen billigen und guten Tropfen bekam. Ich wohnte in der Krämergasse, in der benannten kurzen, aber breiten Straße, die geradeswegs auf das mächtige Portal des Münsters stößt, das in derselben Weise Straßburg beherrscht, wie das Freiburger Münster Freiburg und der Ulmer Dom Ulm. Dem Kölner Dom kommt die gleiche Bedeutung für Köln nicht zu, obwohl er ja größer ist, weil er sozusagen an einem Ende der Stadt liegt und in anderen Kirchen ansehnliche Konkurrenten besitzt. Mein Wirt war ein „epicier", also ein Feinkosthändler, der nur französisch sprach, natürlich auch sehr gut deutsch verstand. Es ging ihm wie vielen anderen Altstraßburgern damals, die, ohne im geringsten deutschfeindlich zu sein, die ihnen lieb gewordene französische Sprache nicht aufgeben wollten und sich vor Fremden ihres „Stroßborgerditsch" schämten. Da , er sehr gut französisch sprach, habe ich manches von ihm gelernt. Das ; Zimmermädchen war vom Lande, verstand kein Wort französisch, sondern sprach nur ihren einheimischen Dialekt mit einer ungewöhnlichen Zungenfertigkeit und auch von ihr habe ich manches gelernt. Die Straßennamen waren durchweg zweisprachig und nur in den von Altdeutschen bewohnten Außenquartieren war ihre Bezeichnung ausschließlich deutsch. Ich blieb in Straßburg drei Semester, in denen ich sehr netten Anschluß an eine Reihe von Kommilitonen verschiedener Fakultäten fand. Einer von ihnen, Wilh. Wetz , wurde später Professor für englische Philologie an der Universität Freiburg. Er hat sich namentlich durch seine Arbeiten über Shakespeare einen Namen gemacht. Sie alle deckt schon, meist seit einer Reihe von Jahren, die kühle Erde. Ich habe das tragische Geschick: erlebt, alle meine Universitätsfreunde, mit denen ich stets in regem Briefwechsel gestanden bin, überleben zu müssen. –

Die wissenschaftliche Tafel war im ganzen gewiß in Straßburg ebenso gut besetzt wie in Würzburg, aber ich habe die geistigen Tafelfreuden nicht in dem Maße genossen wie dort, weil ich immer mehr für mich arbeitete als früher. Es ging mir damals wie schon früher auf dem Gymnasium: Obwohl ich zu den Menschen gehöre, bei denen die Gehörsempfindungen das Vorstellungsvermögen viel stärker beeinflussen wie die Gesichtsempfindungen, hat das gedruckte Wort, also das Buch, eines großen Mannes einen weit größeren Eindruck auf mich gemacht und mich viel tiefer erregt als das gesprochene Wort eines noch so geistreichen und interessant plaudernden Professors!

Von den Mathematikern habe ich bereits früher des aus der Schweiz gebürtigen Christoffel gedacht, der in dieselbe Kerbe Riemannscher Funktionentheorie hieb, in die schon Prym in Würzburg eingeschlagen hatte. Seine Vorlesungen waren sehr klar und standen wissenschaftlich auf der Höhe; doch ergab sich schon aus der bedeutend größeren Zahl der Zuhörer die Unmöglichkeit, mit ihm in näheren Konnex zu kommen. Auch hatte er nicht das zugängliche Wesen, das Prym in so ausgezeichnetem Maße besaß. Nicht aus gleicher wissenschaftlicher Höhe schien mir die Vorlesung über analytische Mechanik zu stehen, welche mein Landsmann Reye hielt. Ich schwänzte sie meist und hörte stattdessen die Vorlesung, die der berühmte Nationalökonom Knapp über sozialpolitische Geschichte Frankreichs und Englands hielt, welche mich außerordentlich fesselte, so daß ich sie wohl kaum einmal versäumte. Auch die mathematischen Übungen, welche Reye in seinem Seminar abhielt, waren mir zu schulmäßig und nicht nach meinem Geschmack. In der Physik dozierte der geniale Albert Kundt, der vor Kohlrausch später eine Zeitlang der Physikalischen Reichsanstalt in Berlin vorstand, aber leider sehr früh schon starb. Der Zufall hat es also gewollt, daß meine physikalischen Lehrer an den drei Hochschulen sämtlich später der Reihe nach jene hohe Stellung in Berlin eingenommen haben. Sie hat aber leider nicht auf meine physikalischen Kenntnisse abgefärbt, die stets lückenhaft geblieben sind. In der Hauptsache lag es wohl an meinem schon früher angedeuteten Charakterfehler, mich nur mit dem Gegenstand intensiv zu beschäftigen, für den ich eine besondere Vorliebe hatte. In der Physik interessierte ich mich fast ausschließlich nur für die Wärmelehre, in der ich wohl ganz annehmbare Kenntnisse besaß, während mir die übrigen physikalischen Disziplinen ziemlich gleichgültig waren und daher teilweise lange böhmische Dörfer für mich geblieben sind. Eine Vorlesung bei Kundt habe ich leider nicht gehört. Ich hatte dazu einfach keine Zeit, denn während meiner Straßburger Semester konzentrierte sich mein privates Arbeiten auf philosophische Fragen. Ernst Laas verstand es schon in seiner ersten Vorlesung, mein Interesse für philosophische Fragen zu werben und besonders waren es seine Vorlesungen und Übungen über Probleme der Moral. die mich ganz und gar in ihren Bann zogen. Er blieb davon natürlich nicht ohne Kenntnis und würdigte mich bald seiner Freundschaft, die mir auch später noch gute Dienste leistete. Der zweite Ordinarius für Philosophie. Otto Liebmann, der später nach Jena kam, wo ich seine Bekanntschaft erneuerte. hat zwar sehr anziehende Bücher über philosophische Fragen geschrieben, die ich mit großem Interesse las, hielt aber so langweilige Vorlesungen und Übungen ab. daß ich ihm sehr bald den Rücken kehrte. Gerade umgekehrt las Laas sehr anregend, schrieb aber einen geradezu scheußlichen Stil. Der Dritte im philosophischen Bunde, Vaihinger, ist später als Philosoph des „Als ob" der berühmteste von ihnen geworden. Damals hielt er als blutjunger Privatdozent sehr anregende Übungen über Kants Kritik der reinen Vernunft und andere Gegenstände ab, an denen sich u. a. auch der spätere Marburger Professor Natorp und der noch lebende Geheimrat Erich Marcks. der berühmte Bismarckbiograph, lebhaft beteiligten. Vaihinger war ein sehr witziger und scharfsinniger, in seinen Allüren aber ein mir sonst wenig sympathischer Mensch, mit dem wir nach den Übungen regelmäßig sehr vergnügte Bierabende verlebt haben. Er lebt noch jetzt hochbetagt in Halle. ist aber schon seit langer Zeit erblindet. Mit dem Geographen Georg Gerland bin ich damals nur in sehr oberflächliche Berührung gekommen. Gewiß war er ein sehr kenntnisreicher und vielseitiger Gelehrter; seine Vorlesungen, die ich einige Male geschunden habe, waren aber entsetzlich trocken und blieben später von mir unbesucht. Nun muß ich noch einer Berühmtheit gedenken, die mit meinen Studien nicht im direkten Zusammenhang stand und die in Straßburg aus verschiedenen Gründen sehr bekannt war. Es war dies Laqueur, der Professor für Augenheilkunde. Von frühester Jugend auf stand es mit meinen Augen nicht gut, wie ich dies schon früher einmal erwähnt habe. Da nun Laqueur als Operateur einen großen Namen genoß, so ging ich eines Tages zu ihm in seine Klinik. Durch

irgend etwas hatte ich sein Interesse erregt; er untersuchte meine Augen sehr genau und fand, daß sie einen hohen Grad von einer besonderen Art des Schielens besaßen, die nicht gerade häufig war. Er sagte mir, daß eine Operation nur möglich wäre, wenn man ein Mittel für die lokale Unempfindlichkeit der Augen erfinden könnte. Bis jetzt sei keines gefunden, er könne mich also auch nicht operieren, sondern nur raten, die Augen möglichst zu schonen. Erst nach einem Dutzend Jahren hat man in dem Kokain, das man damals noch nicht kannte. jenes Mittel gefunden, und meine Augen wurden dann von dem bekannten Stuttgarter Augenspezialisten Königshöfer mühelos und mit Erfolg operiert. Laqueur hat wohl durch Christoffel, mit dem er befreundet war, von mir gehört und mich mehrere Male sehr freundlich zu sich eingeladen und bis zu meinem Weggang aus Straßburg lebhaftes Interesse an mir bekundet. –

Die Weihnachtstage 1878 wollte ich, wie das Jahr vorher, nicht nach Hause fahren, da erhielt ich kurz vor den Feiertagen von meinem Vater die telegraphische Nachricht. daß es meiner Mutter sehr schlecht gehe und daß sie einem baldigen Ende entgegengehe. Ich beeilte mich daraufhin, Hamburg so bald wie möglich zu erreichen. aber ich kam schon zu spät. Bei meiner Ankunft fand ich sie nur noch tot vor und am Heiligen Abend wurde sie begraben. Ich hatte für meine Mutter stets die größte Hochachtung empfunden; sie hat sich in schweren Zeiten als tapfere und kluge Frau zugleich erwiesen.

Mein älterer Bruder. der das Geschäft in Venezuela fortgesetzt und gefördert hatte. stand ihr schon durch sein höheres Alter und seine kaufmännische Beschäftigung weit näher als ich.

dessen wissenschaftliche Neigungen sie nicht hoch achtete, obwohl ihr älterer Bruder ein sehr bekannter und bedeutender Pastor in den Elbherzogtümern war. Ihr Sinn war wahr und ehrlich, aber nur rein praktischen Dingen zugewandt. Sie erkannte zwar stets an, daß ich durch eigene Arbeit meine Studien betrieb und die seit 1873 so beschränkten Mittel des elterlichen Hauses nicht in Anspruch nahm, aber sie stand meinem Streben im Ganzen doch verständnislos gegenüber, weil ihr dafür die Veranlagung fehlte. Mir ist diese Tatsache in meinem späteren Leben immer als ein klarer Beweis dafür erschienen, daß die Bedeutung der sogenannten „Erbmasse" in rein intellektuellen Dingen in Wirklichkeit doch oft recht gering ist und hinter der „Persönlichkeit" des Abkömmlings wesentlich zurücktritt, während sie allerdings für die Bildung des Charakters und bei den äußeren Merkmalen eine desto größere Rolle spielt!

Nach Straßburg zurückgekehrt, warf ich mich nun mit verdoppeltem Eifer auf meine Studien, die durch einen besonderen Anlaß eine neue Richtung erhielten. Professor Laas hatte mich nämlich aufgefordert, mich an der Lösung einer von der philosophischen Fakultät Straßburgs gestellten Preisaufgabe zu beteiligen, welche den Titel führte: „Die authentische Lehre des Protagoras". Diese setzte natürlich vor allem ein eingehendes Studium der Platonischen Schriften voraus. dem ich nun einen großen Teil meiner Zeit widmete. Obwohl ich, wie bereits früher erwähnt, in meinem Abgangszeugnis ein „Ungenügend" im Griechischen erhalten hatte, machte ich mich ohne Bedenken an die Arbeit. Denn ein Verständnis für die griechischen Schriftsteller hatte mir die hochwohllöbliche Prüfungskommission in Hamburg amtlich zuerkannt; lediglich eine sehr große Unsicherheit in der Anwendung der griechischen Grammatik hatte mir das Prädikat „ungenügend" im Griechischen eingetragen und dieses Manko kam ja hier weniger in Betracht.

Bei dieser Gelegenheit kam der Appetit mit dem Essen, wie man zu sagen pflegt, d. h. ich las nicht nur die auf das Thema bezüglichen Schriften Platons, sondern beinahe alle Schriften des Philosophen, die man als echt anerkannt hatte, und empfand dabei ein sehr großes Vergnügen. So hörte ich am Morgen mathematische Vorlesungen und besuchte physikalische Übungen und las abends in meinem Zimmer Platon. Ein günstiger Zufall hatte es gefügt, daß ich in einer Beleidigungssache einem Kommilitonen, dem Sohne des damals weltbekannten Verlagsbuchhändlers Otto Ehlermann in Dresden, einen Gefallen erweisen konnte, wofür er mir aus Dankbarkeit eine prachtvolle Gesamtausgabe der Werke Platons in Großquart schenkte. –

Der geneigte Leser möge aber nun nicht etwa glauben, daß ich den schönen Sommer des Jahres 1879 nur mit Büffeln zugebracht hätte, im Gegenteil, ich benutzte jede Gelegenheit, mich mit meinen Kameraden mit der schönen Umgebung Straßburgs gründlich vertraut zu machen. Um in die Vogesen zu kommen, muß man immer vorher eine Stunde oder etwas mehr die Bahn benutzen, aber dann hat man die Auswahl zwischen vielen schönen Punkten. Der Odilienberg, die Hohkönigsburg, Schirmeck, der Grand Danon waren nur einige derselben. Zu Pfingsten machte ich mit drei Kameraden von Rappoltsweiler aus eine größere sechstägige Vogesentour, die uns über den Weißen See über die französische Grenze nach Gérardmer, La Bresse, Vallée des carbonniers, Ballon d'Alface mit herrlicher Aussicht auf Belfort, St. Maurice nach St. Amarin führte. Den Rückweg nahmen wir über Mülhausen, Dreiexen, Türkheim und Colmar. Die Tour war in all ihren Teilen wohlgelungen und verschaffte uns unvergeßliche Augenblicke. Auf der französischen Seite erlebten wir keinerlei Anfechtungen, sondern wurden überall freundlich aufgenommen. –

Im August machte ich mit zwei Kommilitonen eine kleine Reise in die Schweiz, und zwar, wenn irgend möglich, auf Schusters Rappen. Sie führte uns über Luzern, den Rigi, Vierwaldstätter See, Göschenen nach Andermatt. Weiter über Hospental, die Furka, den Rhonegletscher, .die Grimsel, das Oberhaßlital nach Meiringen und weiter über Rosenlaui, die Große Scheidegg nach Grindelwald. Dann besuchten wir noch die Kleine Scheidegg, die Wengernalp, Lauterbrunnen, Interlaken, den Thuner See und fuhren über Bern und Basel nach Straßburg zurück. Auch diese Reise verlief ohne jeden Unfall und zu aller Zufriedenheit. Die Mittel für diese Reisen hatte ich mir durch Privatunterricht an einen Gymnasialschüler Hochapfel erworben, der 20 Jahre später als Beigeordneter die rechte Hand des Oberbürgermeisters von Straßburg geworden ist. Aber auch der Schwarzwald wurde bei den Wanderungen von Straßburg aus nicht vernachlässigt, war doch die Station Appenweier, an der Hauptlinie Heidelberg–Basel in kurzer Zeit zu erreichen, die gegebene Eintrittspforte für abwechselungsreiche Ausflüge auf die Höhen des Schwarzwaldes, welche bei gutem Wetter an jedem Morgen zu uns herüberleuchten. Die Hornisgrinde bildete das beliebteste Ausflugsziel.

Im Oktober war ich einige Wochen zu Hause, doch kehrte ich schon Ende des Monats nach Straßburg wieder zurück, wo ich meine Studien eifrig aufnahm. Erschwert wurden sie mir allerdings dadurch, daß ich mit Rücksicht auf meine schlechten Augen, von denen ich schon gesprochen habe, das Arbeiten bei künstlicher Beleuchtung möglichst vermeiden mußte. Ich tat es dadurch, daß ich sehr häufig abends um 7 Uhr zu Fuß über den Rhein nach Kehl ging, dort erheblich billiger als in Straßburg mein Bier trank und dann erst gegen 10 Uhr zurückkehrte. Da ich in unmittelbarer Nähe des Münsters wohnte, wäre ich beim früheren Zubettgehen unfehlbar durch das gewaltige Getöse des 10-Uhr-Läutens wieder geweckt worden!

Diesen abendlichen Spaziergängen machte die gewaltige Kälte ein Ende, die plötzlich Mitte Dezember einsetzte und zwei Monate ununterbrochen dauerte. Es war die größte Kälte, welche seit 1829/30 Mitteleuropa heimsuchte und besonders im Oberrheintal sehr empfindlich war. Acht Wochen lang sank das Thermometer in Straßburg jede Nacht unter -20°, ging manchmal bis zu -30° herab, ohne allerdings diese Grenze zu überschreiten, und kletterte am Tage selten über −15° hinaus. Der meist bedeckte Himmel verhinderte eine Sonnenstrahlung, so daß es also auch am Tage ständig recht ungemütlich war. Die Kohlen- und Holzvorräte für unsere Buden schmolzen wie Butter an der Sonne und konnten kaum aufgefüllt werden, weil die Brennmaterialien natürlich sehr teuer wurden. In einem wahren Hundetrab liefen wir von unseren Buden in die Vorlesungen und in die Estaminets zum Mittagessen, und gar oft nahmen wir unsere Zuflucht zu den Sprechzimmern der Ärzte und Zahnärzte, um dort Wärme zu schinden, bis der letzte Patient vor uns in das Sprechzimmer gebeten wurde und wir uns schleunigst aus dem Staube machten. Der Rhein war längst zugefroren; von Basel bis Mainz waren alle Schiffbrücken abgefahren, und man erzählte sich, vielleicht der Wahrheit gemäß, daß im Schwarzwald sich Wölfe gezeigt hätten, die aus den Vogesen über den zugefrorenen Rhein geflüchtet wären. Aber nun kommt die glückliche Kehrseite dieser Situation: wir hörten allgemein, daß die kalte Luft im Oberrheintal nicht höher als etwa 700–800 m reiche und daß über diesem Nebelmeer am Tage der schönste blaue Himmel leuchte. Die bekannte Temperaturumkehr im Winter ist wohl damals zuerst in Mitteleuropa genauer beobachtet worden. Ich beschloß daher, mit einigen Kameraden der Sache auf die Spur zu kommen, und in der Mittagsstunde des ersten Weihnachtstages fuhren wir mit den nötigen Utensilien gegen etwaiges Erfrieren von Gliedmaßen wohl ausgerüstet über Appenweier nach Oppenau , dem Endpunkt der Bahn in der Richtung nach dem Kniebis, der es auch heute noch ist. Die Leute im Gasthof, in welchen wir einkehrten, machten große Augen, als wir ihnen erzählten, daß wir eine Schwarzwaldreise unternehmen wollten, denn dort war es ebenso kalt wie in Straßburg. Am anderen Morgen aber machten wir uns ungesäumt auf die Socken mit dem Kniebis als Ziel. Je höher wir kamen, desto wärmer wurde es, und oben auf der Höhe hatten wir einen höchst interessanten Überblick über das weite Nebelmeer, das über dem Rheintal brandete, während die höheren Gegenden, darunter auch der Kniebis, aus ihm emporragten. Beim Abstieg über Rippoldsau ins Schappachtal mußten wir freilich mit der Kälte der unteren Luftmassen unangenehme Bekanntschaft machen. Doch in den wohlgeheizten Räumen des „Roten Ochsen" in Schappach war Gelegenheit aufzutauen, und wir traten am nächsten Morgen wohlgemut unsere Reise wieder an. Über Wolsach fuhren wir nach Triberg, wo es noch immer empfindlich kalt war, aber nun begann der schönste Teil der Reise, denn wir befanden uns bald auf über 1000 Meter Meereshöhe, wo es so mollig warm war, daß wir in dem Wirtshaus zur Descheck unsere Röcke auszogen und hemdärmelig Kegel schoben! Bis wir das Wirtshaus in Furtwangen, es war wieder ein Ochse, aber diesmal ein schwarzer, erreichten, wurde es freilich wieder empfindlich kalt. Aber das Sonnenschauspiel vom Vortage wiederholte sich, als wir am andern Tage die herrliche aussichtsreiche Kilbenstraße hinauszogen und dann durch das Simonswäldertal allmählich wieder bergab nach Waldkirch stiegen, wo wir die Bahn erreichten, die in Denzlingen sich mit der Hauptroute Basel–Heidelberg vereinigte und uns zeitig abends über Appenweier wieder nach Straßburg zurückbrachte. Es war eine der schönsten und interessantesten Wanderungen. die ich je in meinem langen Leben gemacht habe! –

Die nächsten Wochen in dem kalten Nebelmeer, das über Straßburg lastete, verliefen recht ungemütlich, doch sorgte schon die tägliche Arbeit dafür, daß wir den Mut nicht sinken ließen. Meine Preisarbeit schritt rüstig vorwärts, und als Ende Januar endlich wieder die Sonne schien und es langsam wärmer wurde, wurde es auch in uns wie-der helle. Mitte März gab ich vor dem vorgeschriebenen Termin meine Arbeit ab, der ich ein Motto aus Platons Philebus vorgesetzt hatte, und mußte nun der Dinge harren, die da kommen würden. Inzwischen war aber die letzte Rate der mir aus Hamburg bewilligten Stipendien, welche mir ja nur auf drei Jahre zuerkannt waren, eingezahlt und – so ziemlich verbraucht worden, und ich stand nun vor der Beantwortung der nicht ganz leichten Frage: Was nun? Ich besaß zwar noch einen kleinen Vorrat aus meinen Ersparnissen der Gymnasialzeit, aber ihn wollte ich nicht gern angreifen, sondern als eisernen Bestand für wirkliche Notfälle aufheben. Es mußte also sonst Rat geschaffen werden. Ich hatte mich zwar um ein von der philosophischen Fakultät ausgeschriebenes Stipendium beworben, aber es war sehr fraglich, ob meine Bewerbung Erfolg haben würde, da ich ja in der naturwissenschaftlichen Fakultät eingeschrieben war; da fiel mein Blick: auf eine Anzeige in der Augsburger Allgemeinen Zeitung, die ich im Lesezimmer der Universität fand, in welcher aus ein in der Nähe von Augsburg gelegenes Gut ein Hauslehrer für zwei Knaben gesucht wurde. Wenn ich die Stelle erhielt, war ein Ausweg aus meiner Kalamität gefunden, und ich lernte zugleich ein neues Stück unseres Vaterlandes kennen, das mir bis dahin unbekannt geblieben war. Ich meldete mich also für die Stelle und wurde nach einigem Hin-und-Herschreiben zu annehmbaren Bedingungen für den 1. April 1880 verpflichtet, wobei wohl der Umstand, daß der Besitzer des Gutes, Herr Gruner, aus Bremen gebürtig und also ein halber Landsmann von mir war, den Ausschlag gegeben haben mochte.

IV. Thierhaupten

(1880)

Ich bin zwar nur ein halbes Jahr in Thierhaupten geblieben, weil
ich baldmöglichst meinen Doktor machen wollte, aber gerade die
dort verbrachten Monate haben sich besonders tief in mein Gedächtnis eingegraben und sind aus meinem Leben nicht wegzu-
denken. Sie sind bis aus den heutigen Tag eine Quelle ungetrüb-
ter Erinnerung für mich geblieben und obwohl sowohl die Eltern
meiner Zöglinge längst unter der Erde schlummern, diese selbst
auch schon nicht mehr am Leben sind, ebenso auch der jüngere
Bruder, auf den nach dem zu frühen Tode des Vaters das große
Gut überging, vor einiger Zeit einem schweren Leiden erlag, bin
ich doch mit der jüngeren Schwester, die schon lange unvermählt
im Hause ihres Onkels in Bremen lebt, noch immer in lebhafter
Verbindung geblieben und habe auch häufig meine Schritte nach
dem Orte meiner früheren, leider nur allzu kurzen Tätigkeit gelenkt.

Das Gut lag etwa eine Wegstunde vom Lech entfernt, jenseits
desselben die nächste Eisenbahnstation Meitinge n an der Bahnlinie Augsburg–Donauwörth sich befand, und war in einem alten
Benediktinerkloster, das erst zu Napoleons Zeiten säkularisiert
war, untergebracht.

Es war nicht ganz leicht, sich in der über 50 Zimmer zählen-
den Wohnung zurechtzufinden. Eine der früheren Mönchszellen,
an deren Tür noch das Schiebefenster war, durch welches der
Prior sich von der Anwesenheit seiner Mönche unterrichten
konnte, war das Schulzimmer, eine andere daneben befindliche
mein Wohnzimmer. In dem durch zwei Stockwerke gehenden

unendlich großen Äbtesaal, der jetzt allerlei häuslichen Verrichtungen diente, hingen in langer Reihe an den Wänden die Bilder der früheren Äbte, die übrigens künstlerisch nicht hervorragend waren. Mit dem Gut war unter anderem eine Brauerei verbunden, die einen Teil des Klosters einnahm und an Sonn- und Feiertagen das Stelldichein der Bewohner von Thierhanpten und benachbarter Dörfer bildete. Abends, wenn der Gerstensaft den Leuten ein wenig in den Kopf gefahren war, ging es natürlich etwas laut zu, aber niemals kam es zu ärgerlichen Szenen, und um 9 Uhr pünktlich wurde Schluß gemacht. Unmittelbar neben dem Kloster, mit ihm durch eine kleine Pforte verbunden, lag die Dorfkirche. Bauern und Bäuerinnen gingen damals an Feiertagen noch sämtlich in Festtracht, und man bekam einen ganz ungeschminkten Begriff davon, wie es in Altbayern, fern von dem Getriebe der Sommerfrischler, zuging. Kaum 10 Minuten vom Gut entfernt schloß sich in südlicher Richtung ein ausgedehnter Wald an, der zum größten Teil aus Tannen, zum kleineren aus Buchen und namentlich Eichen bestand. Etwa 20 Meter tiefer floß ein kleiner Bach vorbei, der im Sommer eine vortreffliche viel benutzte Gelegenheit zum Baden bot. Von nahen, ungefähr 50 Meter höheren Hügeln genoß man eine prachtvolle Aussicht ins weite Lechtal, das auf der entgegengesetzten Seite auch von Wald bedeckt war, aus dem die Spitzen von Kirchen und alten Schlössern herausragten, mit deren Bewohnern die Familie meines Brotherrn einigen Verkehr pflegte. Mit schönen Obstbäumen und geschmackvollen Zierbeeten geschmückte Gärten umgaben das Kloster auf mehreren Seiten, so daß das Ganze einen überaus erhebenden und stattlichen Eindruck zugleich machte.- Verwaltungspolitisch gehörte Thierhaupten noch zur Provinz Schwaben, aber es lag rechts vom Lech, der damals noch eine scharfe Grenze zwischen Bayern und Schwaben bildete. Dies zeigte sich auch darin, daß damals zwischen Augsburg und Donauwörth, wo der Lech in die Donau mündet, nur eine einzige Holzbrücke über den Lech führte, die

Thierhaupten mit Meitingen verband und jeden Abend verschlossen wurde, so daß man sie nur nach Entrichtung eines Obulus passieren konnte! Tempi passati. Heute erhebt sich bei Meitingen eines der größten Wasserkraftwerke Bayerns, eine Hauptstation des sogenannten Bayernwerkes, und der Verkehr flutet über den Lech, als ob er niemals eine scharfe Stammesgrenze gewesen wäre!

Meine beiden Zöglinge gewann ich bald sehr lieb. Der ältere - sie waren etwa 1½ Jahre auseinander – war lebhaft, praktisch und voller Teilnahme für alles in der Welt, der jüngere ruhiger, kindlicher und fest entschlossen, Gärtner zu werden, da er die Blumen sehr liebte. Ich habe rechte Freude an ihnen gehabt. Wie ich schon oben kurz erwähnte, leben sie nicht mehr; der ältere starb schon im jugendlichen Alter in Bahia am gelben Fieber, der andere im reiferen Alter als Kaufmann in Hamburg. Ende Juni beham ich vierzehn Tage Ferien. Mit einem Freunde, der mich abholte, besuchte ich die Passionsspiele in Oberammergau , das damals natürlich noch nicht Eisenbahnstation, sondern von Murnau aus mit einem Stellwagen zu erreichen war. Der Zuschauerraum war auch noch nicht überdacht, so daß ein während der Vorstellung niedergehender heftiger Gewitterregen die Zuschauer gründlich einweichte, was aber auf sie keinen Eindruck machte, sie, die damals überwiegend aus der nächsten Umgebung stammten. Vom Chor und den Volksszenen hatte ich einen großen Eindruck, weniger von den Einzelpersonen. Daran schloß sich eine Fußtour über Partenkirchen und Graseck nach Elmau, das noch nicht Sitz Johannes Müllers war, und weiter über Mittenwald nach Innsbruck. Nach einem kurzen Abstecher nach Gossensaß ging es über den Achensee, mit der Besteigung des Unnütz, Kreuth, Egern nach Tegernsee und schließlich nach München, wo ich von den Musterschauspielvorstellungen, die gerade dort stattfanden, einen außergewöhnlich großen Genuß heimbringen konnte. Ich muß eines Ereignisses gedenken, das noch vor diese Reise fällt. Am 2. Mai erhielt ich aus Straßburg von meinen Freunden die telegraphische Nachricht, daß meine Arbeit über Protagoras den Preis erhalten habe, und zwei Tage darauf die weitere erfreuliche Mitteilung, daß der im vorigen Jahre nicht gelöste Preis dem meinigen zugeschlagen worden sei. So verfügte ich denn auf einmal über 600 Mk., aber ich habe sie zunächst nicht in bar zu sehen bekommen, denn meine Freunde beschlagnahmten sie einfach, um damit ihre eigenen Schulden zu decken in der Voraussetzung, daß ich doch augenblicklich das Geld nicht nötig habe! Am letzten September schnürte ich mein Bündel, nahm von der Familie Gruner herzlichen Abschied und fuhr über Augsburg–Stuttgart mit der Bahn nach Freudenstadt, von da zu Fuß auf den Kniebis, wo ich mit meinem Straßburger Freund, der mich auf der Tiroler Reise begleitet hatte, zusammentraf, um dann selbander zu Fuß nach Oppenau und wieder nach Straßburg zu gelangen. –

V. Die Studienzeit II

(1880 bis 1882)

Es war nun die höchste Zeit geworden, sich auf den Doktor vorzubereiten, denn die Preisarbeit mußte zu diesem Zwecke noch umgearbeitet werden und zur mündlichen Prüfung waren auch noch Vorbereitungen nötig. Als Nebenfächer hatte ich Mathematik und Physik gewählt. In der Philosophie prüften mich Laas und Liebmann, in der Mathematik Reye, in der Physik Kundt. Ich hätte das damals erste Prädikat „cum laude" bekommen, wenn ich nicht in der Physik furchtbar hereingefallen wäre; so war ich froh, wenigstens das zweite Prädikat „bene" erhalten zu haben.

Tags darauf reiste ich über Frankfurt, Northeim nach Jlfeld, wo damals der Mann meiner älteren Schwester wohnte, um das Weihnachtsfest zu begehen. Im Hause meines Schwagers, der dort ohne Beruf lebte, habe ich dann noch mehrfach das schöne Fest begangen, das durch die Anwesenheit eines Töchterchens wesentlich verschönt wurde. Wie es damals noch üblich war, herrschte zur Weihnachtszeit das schönste Winterwetter und wir konnten im nahen Harz es gründlich auskosten. –

Meinen Doktor hatte ich nun also, aber wie nun weiter? Laas wünschte, daß ich mich in einigen Jahren in Freiburg, wo damals Riehl Ordinarius war, für Philosophie habilitieren sollte. Die Jahre bis zur Habilitation hätte ich ja leicht als Hauslehrer durchhalten können, aber wovon sollte ich als Privatdozent meinen Lebensunterhalt bestreiten? Privatdozent und Hauslehrer gleichzeitig, das ging natürlich nicht. Dazu kam aber noch ein anderes, weit schwereres Bedenken. Wie schon früher Prym, so hat auch Laas meine geistigen Fähigkeiten weit überschätzt und sich durch meine schnelle Auffassungsgabe und mein ungewöhnlich gutes Gedächtnis täuschen lassen. Schöpferische Gedanken besaß ich nicht und damit nach meiner Auffassung auch nicht die nötige Vorbedingung für einen Universitätsprosessor. Die Erfahrungen, die ich in den nächsten 50 Jahren gesammelt habe, haben mir gezeigt, daß ich doch einen zu strengen Maßstab an einen deutschen Universitätsprofessor gelegt habe. Denn ich habe inzwischen manche kennengelernt, bei denen von schöpferischen Gedanken nicht viel zu spüren war!

Mag dem nun sein wie es wolle, jedenfalls entschloß ich mich damals für die Laufbahn eines Gymnasiallehrers und im großen und ganzen habe ich diesen Entschluß nicht zu bereuen gehabt, denn sie hat mir bis zu einem gewissen Grade große Befriedigung gewährt und, was gewiß nicht zu verachten, die Möglichkeit einer baldigen wirtschaftlichen Selbständigkeit.

Um später mein Staatsexamen bestehen zu können, fehlten mir vor allem gründliche Kenntnisse in der Physik und da nun dieses Fach in Würzburg ebensogut vertreten war wie in Straßburg, das Leben dort aber gemütlicher und billiger war als hier und ich außerdem damals noch unschlüssig war, ob ich das Examen in Straßburg oder München machen sollte, siedelte ich von Ilfeld aus Anfang 1881 nach Würzburg über. – Für den Rest des Semesters- lohnte es nicht mehr, die physikalischen Übungen bei Kohlrausch zu belegen, aber im Sommersemester 1881 holte ich dies gründlich. wenn auch, wie sich später gezeigt hat, mit keinem sehr großen Erfolge, nach. Bei den Übungen war besonders der Deutschböhme Strouhal tätig, der sich die größte Mühe gab, mich von meiner einseitigen Vorliebe für die Wärmelehre abzubringen. Leider in der Hauptsache ohne Erfolg. Die physikalischen Übungen ließen mir aber reichlich Zeit zu philosophischen Studien, die sich teils auf meinen alten Freund Fechner, teils auf neuere Arbeiten über die Grundlagen der Moral bezogen. Hier fesselte mich namentlich der Engländer Bentham, über den ich eine Arbeit schrieb, die aber nicht veröffentlicht wurde. Der näheren und weiteren Umgebung von Würzburg wurde dabei genügend Beachtung geschenkt, wobei ich zum erstenmal auf geologische Gesichtspunkte durch meinen Verbindungsbruder Thürach aufmerksam gemacht wurde, der sich später als Badischer Landesgeologe einen Namen gemacht hat.

Pfingsten hatte ich das große Glück, an der Erstaufführung des Rothenburger Festspiels: „Der Meistertrunk" teilzunehmen, das seitdem ja unzählige Male wiederholt worden ist. Rothenburg stand damals, vor 55 Jahren, noch nicht auf der Liste jedes Amerikaners, der eine Deutschlandfahrt macht, und war noch nicht das Ziel der unzähligen Rundreisefahrten mit Wochenendautos, die jetzt die Landstraßen unsicher machen. Es wurde nur von den wenigen besucht, die dies Kleinod deutschen Mittelalters aus Beschreibungen kannten und meist „nicht weit her" waren. Ich konnte es an einem schönen Junitage so recht aus Herzenslust genießen und Erinnerungen in mir aufsammeln, die ich später noch einmal, nach 25 Jahren, auffrischte. Heute trage ich kein Verlangen mehr, die Stadt zu besuchen, deren Eindrücke man jetzt so hinnimmt wie eine gute Tasse Kaffee zum Nachmittag, um dann am Abend vielleicht im Nürnberger Bratwurstglöckle ein Glas Bier zu trinken! –

In der ersten Hälfte des August machte ich eine zehntägige Reise in den oberen Teil des Bayrischen Waldes, der mich so anzog, daß ich später noch öfter meine Schritte dahin gelenkt habe. Damals war der Wald noch außerordentlich wenig von Fremden besucht und mehr als

einmal habe ich in einer einsamen Blockhütte der Holzfäller übernachtet und den Schauer des Urwaldes verspürt. – Ich war inzwischen so alt geworden, daß es höchste Zeit war, an die Ableistung meines Militärjahres zu denken. Ich muß hier einschalten, daß ich schon zu Beginn meines Studiums in Freiburg mich zum Eintritt in das Heer gemeldet hatte, aber wegen eines zu schwachen Brustkastens zurückgestellt worden war. Der Vater eines Straßburger Freundes war in Lindau Vorstand des Zoll- und Postamtes, und da sich dort ein Bataillon des 3. Bayrischen Infanterie-Regimentes befand und ich für den Bodensee sehr schwärmte, so fuhr ich am letzten September 1881 dorthin und wurde als diensttauglich befunden. Gleich am folgenden Tage rückte ich in die Kaserne und der Dienst begann. –

Am zweiten Tag meiner Dienstzeit wäre ich um ein Haar in den Kasten geflogen, denn ich hatte arglos meine Kameraden, die mit mir Einjährige waren, aber schon ein halbes Jahr früher in das Ba- taillon eingetreten waren, aus einem Ausflug nach Bregenz beglei- tet, ohne Erlaubnis dazu von meinem Vorgesetzten nachgesucht zu haben. Bregenz lag aber in Österreich, war also Ausland! Zu glei- cher Zeit wurde in Lindau eifrig nach mir gefahndet, denn ich sollte neu eingekleidet werden! Nur eine Notlüge rettete mich vor einer sonst unfehlbar eingetretenen militärischen Bestrafung, die mir doch recht unangenehm gewesen wäre. Einen vollen Monat brachte ich in militärischer Ausbildung in der schönen Inselstadt zu, an die ich stets mit großer Freude zurückdenke, denn als alten Turner und Wandersmann fiel mir die körperliche Ausbildung als Rekrut ver- hältnismäßig sehr leicht und der nette Verkehr mit meinen Kamera- den – wir waren im ganzen fünf Einjährige – im Dienst und aus Ausflügen in die nächste Umgebung sagte mir sehr gut zu. Während dieser Ausbildungszeit mußte ich in der Kaserne schlafen, was aber wegen ihrer freien Lage unmittelbar am See und dem sehr freundli- chen Wesen meiner Stubenkameraden nicht im geringsten eine Last bedeutete, sondern im Gegenteil wegen des rechtzeitigen Zubettge- hens mir sehr förderlich war. Als es nun zu den Vorbereitungen zu den Schießübungen ging, zeigte es sich, was ich dem Bataillonsarzt gleich gesagt hatte, daß ich wegen meiner verschiedenen Augenfeh- ler nicht zielen konnte, was ja doch beim Schießen schließlich die

Hauptsache ist, und rechtfertigte dadurch meine gleich zu Beginn vorgetragene Bitte, mich zur Superrevision zurückzustellen. Der Arzt gab sofort zu, daß er selbst nicht in der Lage sei, meine Augen auf ihre verschiedenen Fehler genauer zu untersuchen, befürwortete jedoch warm meinen Antrag beim Kommando der 1. Bayrischen Armee auf Zurückstellung, die auch am 2. November erfolgte.

Meine militärischen Utensilien, die mein persönliches Eigentum waren, hatte ich Gelegenheit günstig zu verkaufen, denn ich wußte bestimmt, daß ich bei der Superrevision dienstuntauglich erklärt würde. Dies ist auch im Juli 1882 in München auf Grund eines Attestes, das mir der Generalarzt Seggl in München ausstellte, prompt geschehen. Keinen Augenblick bereue ich aber, wenigstens auf ganz kurze Zeit die ersten Anfangsgründe des Infanteristen kennengelernt zu haben. Dem Hauptmann meiner Kompanie bin ich später noch mehrfach nähergetreten. Nun gings nach Würzburg zurück, doch nur auf 14 Tage, denn schon am 16. November stand ich in Straßburg vor der hohen Prüfungskommission, um die Prüfung in der Mathematik und Physik für alle Klassen abzulegen. Zwar bestand ich trotz einiger Anstände diejenige in der Mathematik sehr glatt, aber in der Physik reichten meine guten Kenntnisse in der Wärmelehre nicht aus, die großen Lücken in anderen physikalischen Disziplinen zu decken und ich erhielt in diesem Fach die Facultas nur für Obersekunda einschließlich.

Um dies gleich vorwegzunehmen, habe ich im nächsten Jahre die Scharte wieder auswetzt und da ich mir außerdem noch die Facultas in der philosophischen Prapädeutik holte, besaß ich jetzt die Facultas in drei Fächern für alle Klassen und damit ein Zeugnis ersten Grades, wie man damals sagte. Noch vor meiner Rückreise nach Würzburg stattete ich meinem geliebten Donon in den Vogesen an der Grenze der Bezirke Unterelsaß und Lothringen einen Besuch ab. Ich habe die Vogesen erst 33 Jahre später gelegentlich des 1914 in Straßburg abgehaltenen Deutschen Geographentages wiedergesehen!

Die äußeren Vorbedingungen für den Eintritt in die Schulmeisterlausbahn hatte ich erfüllt, nun mußte ich darauf warten, ob man mich irgendwo gebrauchen konnte. Eine Anfrage beim Schulkollegium in Straßburg blieb erfolglos, worüber ich nicht weiter böse war, denn es gefiel mir in Würzburg vorderhand noch sehr gut. Durch die Liebenswiirdisgskeit eines Konphilisters meiner Verbindung, der den Chemieunterricht an dem dortigen Realgymnasium erteilte, bekam ich Gelegenheit, unter seiner Anleitung ein chemisches Praktikum in dem sehr wohl ausgestatteten chemischen Laboratorium der Anstalt zu absolvieren, das mir später bei meinen Seensorschungen außerordentlich zustatten gekammen ist und außerdem noch den großen Vorteil bot, sehr billig zu sein, da es gar nichts kostete!

Der Würzburger Fasching sorgte dafür, daß neben dem Ernst der Arbeit auch die Freude am Leben nicht zu kurz kam. Am Fastnachtsdienstag 1882 konnte man aus der Domstraße, der bedeutendsten Verkehrsstraße Würzburgs, nachmittags einen ziemlich langen Zug Equipagen vorbeifahren sehen, die von echt spessartschen Ochsen gezogen wurden, bekannt durch ihren kleinen Wuchs. Auf den Ochsen aber saßen sattellos Mitglieder unserer Korporation, an zweiter Stelle der Schreiber dieses. Nach den Feiertagen hieß es aber den Gürtel über dem Magen zusammenschnüren, denn im Beutel war jetzt stets der Dalles! Da Privatstunden in Würzburg schwer zu bekommen waren, bestand meine Einnahme in der Hauptsache aus dem Honorar, das die Würzburger Zeitungen für kleine Beiträge von mir zahlten und das war nicht viel! Manches Mal wanderte meine Taschenuhr ins Leihamt und wenn die Mittagsessenszeit gekommen war, ging ich häufig die Domstraße auf und ab, eine Bretzel in der Hand, das Mittagessen vortäuschend. Ich hatte mich auf eine Anzeige, ich glaube, es war in der „Täglichen Rundschau", in der ein Hauslehrer für eine vornehme Berliner Familie verlangt wurde, gemeldet und Professor Laas in Straßburg als Referenz angegeben. Da aber längere Zeit nichts daraus erfolgte, hatte ich die

Sache ganz vergessen. Um so größer war meine Überraschung, als ich abends, von einem Ausflug nach der alten Reichsstadt Windsheim zurückkehrend, ein Schreiben aus Berlin vorfand, in welchem ein Dr. Goetz mir eröffnete, daß sich die Anzeige aus die Familie der Frau Geheimrat von Borsig bezöge, in der er bisher Hauslehrer gewesen sei, jetzt aber die Stelle niederlege, um einen anderen Beruf zu ergreifen. Unter vielen Bewerbungen habe er, nachdem er die Empfehlung von Professor Laas gelesen habe, den er persönlich kenne, sofort meiner den Vorzug gegeben. Er bäte mich sobald wie möglich nach Berlin zu kosmmen, um mich der Frau Geheimrätin vorzustellen. Das sei aber nur eine Formsache, ich könnte mich als seinen Nachfolger ansehen. Natürlich reiste ich sofort nach Berlin – das ging damals nicht so schnell wie heute –, hatte das große Glück, abends im Opernhaus Varna:) als König Lear zu sehen und stellte mich am anderen Morgen Frau von Borsig vor. Meine Aufgabe sollte darin bestehen, die Studien der beiden älteren Söhne, von denen der eine in II b, der andere in III b war, in den Nachmittagsstunden zu beaufsichtigen. Im übrigen war ich vollkommen Herr meiner Zeit und konnte meine Wohnung aufschlagen wo ich wollte. Dafür sollte ich eine Entschädigung erhalten, die mir wahrhaft fürstlich vorksam. Gegen mein Erwarten gefiel ich der gnädigen Frau und die Sache war abgemacht. Zum Abschied drückte sie mir einen Umschlag mit Inhalt in die Hand als Reiseentschädigung. Er reichte aber völlig aus, um nicht nur die Schulden, die ich in Würzburg hatte machen müssen, völlig zu decken, sondern auch noch einen erheblilichen Überschuß zu erzielen.

Nach Würzburg zurückgekehrt, ordnete ich dort meine Sachen und nahm nach zehn Semestern endgültig abschied vom Studentenleben, um ins Philisterium zu treten. Bei der Rückreise versäumte ich nicht, im geistlichen Hause meines Schwagers in Ilfeld einzukehren.

VI. Die Berliner Jahre

(1882 bis 1884)

Da ich über die Vormittagsstunden völlig frei verfügen konnte,
meldete ich mich sofort zur Ableistung des vorschriftsmäßigen
Probejahrs an einer Berliner Anstalt. Und wieder war es der Einfluß von Laas, der mir die Türen öffnete. Er empfahl mich an den
Direktor des Köllnischen Gymnasiums, Dr. Kern, und dieser war,
obwohl das Sommerhalbjahr schon einige Wochen angebrochen
war, erbötig, mich als Probandus in seine Anstalt aufzunehmen,
wo ich in einer Quarta und einer Untertertia mathematischen
Unterricht zu erteilen hatte. Ja, noch mehr, schon eine Woche
später eröffnete er mir, daß er mich als Mitglied des „Königlich
Pädagogischen Seminars für gelehrte Schulen", dessen Direktor
er gerade war, beim Schulkollegium vorgeschlagen habe. Damit
war ein Stipendium von 600 Mk. im Jahre verbunden, gewiß eine
sehr angenehme Zugabe! Die Gegenleistung bestand nur darin,
halbjährlich einen Vortrag über irgendein gelehrtes oder pädago-
gisches Thema im Seminar zu halten. Solange ich am Köllnischen Gymnasium beschäftigt war (1 ½ Jahre), blieb ich automa-
tisch Seminarmitglied. Das Unterrichten an der Schule gefiel mir
sehr gut, da die Jungen Interesse für das Fach zeigten und nicht
aus den Kopf gefallen waren. Die Disziplin machte mir schon
damals keinerlei Schwierigkeiten. Das lag wohl einmal an meinem absoluten Gerechtigkeitssinn, andererseits an meinem Vermögen, jeden Vorfall, der etwa die Disziplin gefährden konnte,
ins Lächerliche zu ziehen und „wer die Lacher auf seiner Seite
hat, hat gewonnen", sagt schon ein altes Sprichwort. Allerdings

leam wohl noch der Umstand mir zugute, daß die Jungen bei mir etwas lernten und das Gros der Jugend will immer etwas lernen, dann ist es zufriedengestellt. Bei dem Direktor stand ich schon von vornherein gut angeschrieben, weil er ein intimer Freund von Laas aus dessen Schultätigkeit in Berlin war und seine Empfehlung für mich ihm sehr viel galt.

Meine Tätigkeit im Borsigschen Hause, um das gleich vorweg zu nehmen, befriedigte mich anfangs sehr. Von meinen beiden Zöglingen zeigte sich namentlich der ältere, Arnold, der noch jung einem Grubenunglück bei Zabrze zum Opfer fiel, mir bald sehr zugetan, während der jüngere, Ernst, der später eine führende Stellung in der Großindustrie Deutschlands einnahm, leider auch schon im 63. Lebensjahr plötzlich an Herzschlag starb, sich mehr zurückhielt. Als er während des Krieges eine Zeitlang Vorsitzender des „Bundes für einen vernünftigen Frieden‟ wurde, haben wir miteinander einige Briefe gewechselt. Außerdem waren in der Familie Borsig noch ein jüngerer Sohn Konrad, der von einem Elementarlehrer unterrichtet wurde, und zwei Mädchen, von denen die ältere sich bald mit meinem Vorgänger im Amt verlobte. Dieser wurde später Ordinarins der Philosophie an der Universität Kiel, hat sich aber als Wissenschaftler nie besonders- hervorgetan. Vermutlich saß er zu sicher aus den Millionen seiner Frau! Frau von Borsig zeigte sich sehr generös in Urlaub geben, so fuhr ich Pfingsten nach Kiel und Schleswig, Mitte Juni nach München zur militärischen Superrevision (s. oben) und Ende Juli auf 14 Tage zur 300jährigen Jubelfeier der Universität nach Würzburg. Vorher weilte ich drei Wochen mit meinen Zöglingen aus dem Familiengut in Großbehnitz. Dort geriet ich leider, wohl hauptsächlich durch meine Schuld, in Differenzen mit der Mutter, die damit endigte, daß sie mir zum l. Oktober kündigte. Sehr bedauerlich, aber nicht mehr zu ändern. Ich mußte nun natürlich versuchen, andere Einnahmequellen zu erschließen. Vorderhand verfügte ich noch über ganz ansehnliche Barmittel aus meinen Ersparnissen im Sommerhalbjahr und konnte infolgedessen Anfang Oktober die äußerst interessante. Elektrische Ausstellung in München besuchen, welche zum erstenmal die ungeheueren Fortschritte, welche die Ausnutzung der elektrischen Kräfte in der letzten Zeit gemacht hatte, einem großen Publikum vor Augen legte. Ich darf daran erinnern. daß die elektrische Beleuchtung der Straßen durch Bogenlampen damals- in ihren allerersten Anfängen stand und daß von elektrisch betriebenen Straßenbahnen noch gar keine Rede war!

Ich hatte inzwischen in Berlin die Bekanntschaft eines Regierungsrats a. D. Dr. Haller gemacht, der es verstanden hatte, einen kleinen, aber ausgewählten Kreis philosophisch interessierter Menschen um sich zu versammeln. Ich erwähne u. a. Prof. Dr. F. Paulsen, den bekannten Ordinarius der Philosophie an der Berliner Universität, Prof. Dr Lehmann, der später Philosophieprofessor an der neuen Hochschule in Posen wurde, die beiden Brüder Kunze, von denen der eine Theologieprosessor in Berlin wurde, der andere ein sehr bekannter Pfarrer ebenda war, Dr. Paul Rée, den bekannten Moralschriftsteller; nicht zu vergessen Lou Salomé, später nach ihrem Mann Salomé-Andreas genannt, beide einst Vertraute Nietzsches aus seiner Engadiner Zeit. Wir versammelten uns, gewöhnlich vierzehntätig, in der Wohnung Hallers, die dafür sehr geeignet war, und diskutierten dann nach einem einfachen Imbiß über philosophische Tagesfragen, natürlich nicht wahllos, sondern nach einem vorher verabredeten festen Plan. Es waren in der Hauptsache Weltanschauungsfragen großer Männer, die uns interessierten und die Aussprachen gingen oft hart an hart aufeinander, blieben aber selbstverständlich stets in den Schrauben der äußersten Höflichkeit. Politische Meinungsdifferenzen waren niemals der Gegenstand von Debatten, waren übrigens in der damaligen Zeit unter Gebildeten kaum vorhanden. Als Gäste kannten wir bisweilen Dr. Ferdinand Tönnies aus Eutin, der später Professor der Soziologie in Kiel wurde und vor kurzem erst verstarb, und Dr von Gizycki von der Berliner Universität, dessen Kolleg über Ethik; ich mit großem Interesse hörte. Er war vollkommen gelähmt und mußte im Tragsessel ins Zimmer getragen werden, geistig sehr lebhaft und fesselnd, später heiratete er die bekannte Schriftstellerin Lilly Braun, die Tochter des späteren Generals der Infanterie Hans von Kretschmann und Verfasserin des bekannten Buches „Im Schatten der Titanen".

Man kann sich denken, mit welcher Freude ich diese Abende besuchte; so lange ich in Berlin weilte (bis Ostern 1884) wurden sie fortgesetzt, aber sie sind bald darauf eingegangen, wahrscheinlich weil Dr. Haller seinen Wohnsitz auf Berlin verlegte.

Ab und zu benutzte ich die Gelegenheit, an der Universität in die Vorlesung eines Koryphäen hineinzugehen, sei es nun Mommsen, Treitschke oder Du Bois Reymond, Helmholtz oder von Richthofen. Beim Anhören der Vorlesung des großen Geographen ham mir mein Mangel an geologischen Kenntnissen recht zum Bewußtsein. Durch Selbststudium geologischer Werbe suchte ich die Lücken darin ein wenig auszubessern, aber der Erfolg war nicht sehr ermunternd. Von Gizycki hörte ich regelmäßig, da er abends las; aber lieber besuchte ich ihn ab und zu in seiner Wohnung, da konnte er sich seinen Ideen besser hingeben. Nach und nach erlahmte mein Interesse an denselben, denn ich merkte doch, daß sie sich in einem verhältnismäßig engen Rahmen bewegten und sich mehr durch Prägnanz als durch weite Gesichtspunkte auszeichneten. Den jungen Privatdozenten der Philosophie, Dr. H. Ebbinsghaus, später Professor in Breslau, lernte ich erst im Sommer 1883 kennen, und zwar bei seinen sehr interessanten Übungen in der Psychologie, bei denen der setzt so moderne und gepriesene Ganzheitsstandpunkt schon sehr deutlich zutage trat.

Nach Vollendung meines Probejahrs am Köllnischen Gymnasium Ostern 1888 verblieb ich an der Anstalt noch weiter als wissenschaftlicher Hilfslehrer, aber damit konnte ich natürlich meinen Lebensunterhalt nicht bestreiten und ich mußte mich energisch nach einer neuen materiellen Hilfssquelle umsehen. Da wurde in einer Zeitung ein Herr gesucht, der imstande sei, einen geistig etwas zurückgebliebenen jungen Mann etwas „höhere Bildung" beizubringen. Es handelte sich dabei um den Sohn eines jener Schöneberger „Millionenbauern", die damals viel genannt wurden und ihren Namen von dem Umstande ableiteten, daß sie bei dem Verkauf ihrer Ländereien an Private oder die Gemeinde Berlin ungeheuer verdienten. Wir wurden bald handelseinig und ich vertauschte meine Wohnung in Moabit mit einer solchen in Schöneberg, unmittelbar an der kleinen Station gleichen Namens an der Bahn nach Zehlendorf. dem damaligen Endpunkt der späteren Wanseebahn. Mein „Klient" hatte einen sehr gutmütigen Charakter, war aber von der Natur nicht gerade mit Geistesgaben überschüttet worden; er nahm die vielseitigen Belehrungen sehr willig, wenn auch anfangs meist mit nur sehr geringem Erfolg aus, doch trat nach und nach eine sichtliche Besserung ein. Ich besuchte mit ihm Museen, den Reichstag und alle möglichen öffentlichen Einrichtungen, nachdem ich ihn in besonderen Stunden genügend vorbereitet hatte; auch über die Vorkommnisse des täglichen Lebens, über Wechsel und ähnliche Dinge hatte ich ihn auszuklären. Da sein Vater über einen sehr schönen herrschaftlichen Wagen verfügte – Autos gab es vor 50 Jahren natürlich noch nicht – gingen alle diese Wege und Ausflüge glatt vonstatten und ich war mit meiner Beschäftigung, die sich nur aus die Nachmittage beschränkte, im ganzen recht zufrieden, zumal sie recht gut honoriert wurde.

Die Schulferien, die in Berlin wie immer fünf Wochen dauerten, konnte ich zu einer längeren Reise ausnutzen, die mich mit vielen Abstechern durch das östliche Württemberg und den Allgäu nach Graubünden führte. In Churmalden traf ich mich in einer netten Pension mit Tönnies, Rée und Lou Salome zu einem beinahe dreiwöchentlichen Aufenthalt. Ich glaube, ich habe in meinem Leben noch nicht so viel philosophiert, wie in dieser „Erholungszeit". Beim Frühstück, beim Spazierengehen, beim Mittagessen, bei der Jause und abends vor dem Zubettgehen – wurden philosophische Themen erörtert. Nur die Nacht blieb philosophiefrei! Ich kann aber trotzdem nicht behaupten, daß diese Tage zu anstrengend gewesen wären, dafür sorgten einerseits die frische Luft von Churwalden (1300 nc), andererseits die große Abwechselung in unseren Disputen. Tönnies vertrat den englischen Philosophen und Soziologen Hobbes, der bis heute sein Spezialgebiet geblieben ist, Lou Salome und Rée Nietzsche, ich selbst Fechner. Salome und Rée waren durch mehrmonatliches Zusammensein mit Nietzsche in Sils-Maria im Vorjahre mit dessen Ideen auf das genaueste vertraut und ich habe durch sie einen Einblick in den Philosophen gewonnen, der auf das schärfste kontrastiert mit seiner Verhimmelung in der Gegenwart. Nietzsche hat es geradezu als ein großes Übel bezeichnet, daß die schlechten Triebe im Menschen sich nicht ausleben könnten, hauptsächlich deswegen, weil sie im Leben von der Gesellschaft daran gehindert würden! Nietzsche war also ungeachtet seiner Genialität, die ihm nicht abzusprechen ist ein durchaus asozialer Mensch, stand also zu dem heutigen Nationalsozialismus im denkbar schärfsten Gegensatz. Am 7. August trennten wir uns und schon am 10. war ich wieder in Schöneberg bei meinem „Millionenbauer". Da bei einer definitiven Anstellung im Schuldienste der Nachweis einer Befähigung für die Erteilung von Turnunterricht sehr vorteilhaft sich zeigte und ich auch Persönlich von jeher für das Turnen begeistert war, so beschloß ich, an einem Kursus der Königlichen Turnlehrerbildungsanstalt in Berlin im Winterhalbjahr 1883–1884 teilzunehmen. Meine Lehrtätigkeit am Köllnischen Gymnasium mußte ich aufgeben, ebenso aber auch meine Tätigkeit beim „Millionenbauer". Ich konnte dies finanziell ganz gut tun, weil meine Kasse gut gefüllt war und außerdem noch ein Stipendium seitens der Regierung für die Teilnehmer am Kursus erfreulich winkte. Meine Wohnung in Schöneberg behielt ich bei, da sie, wie schon oben bemerkt, am Bahnhof Schöneberg so günstig gelegen war, daß ich den Potsdamer Bahnhof in Berlin in knapp zehn Minuten erreichen konnte. Die eifrige Winterarbeit wurde durch eine Reise nach Straßburg unterbrochen, wo ich in einem Nachexamen mir noch eine Facultas im Französischen erwarb. Unmittelbar darauf verbrachte ich die Weihnachtstage bei meinem Bruder, der seit einiger Zeit Direktor der großen amerikanischen Uhrenfabrik in Schramberg im Schwarzwald war und daselbst ein allerliebstes Häuschen besaß. Aus der Rückreise weilte ich noch zwei Tage bei meiner Schwester in Ilfeld und widmete mich dann wieder eifrig dem Dienst in der Turnlehrerbildungsanstalt.

Ich hätte wohl Gelegenheit gehabt, von Ostern ab an mehreren Berliner Anstalten als Hilfskraft ausreichend beschäftigt zu werden, doch hatte ich für solche Tätigkeit keinen Sinn. Dieser stand vielmehr auf „Raus aus Berlin!" Als in der Zeitung eine Hilfslehrerstelle mit Aussicht aus baldige, definitive Anstellung und sofortiger Beschäftigung in höheren Klassen ausgeschrieben war, meldete ich mich sofort, fuhr Mitte Februar zur Vorstellung nach Neuhaldensleben hinüber und erhielt bald daraus die Mitteilung, daß meine Bewerbung Erfolg gehabt hatte. Ende März verließ ich Berlin, um nach einem Abstecher nach Dresden und längerem Aufenthalt in Ilfeld zu Beginn des Sommersemessters 1884 meine neue Tätigkeit in Neuhaldensleben aufzunehmen.

VII. Neuhaldensleben

(1884 bis 1910)

Als ich später durch meine Arbeiten auf seenkundlichem Gebiete in der Öffentlichkeit bekannter wurde, wurde mir oft die Frage vorgelegt: Wie haben Sie es in dem abgelegenen Neuhaldensleben so lange ausgehalten?! Ich habe darauf erwidert, daß erstens Neuhaldensleben gar nicht so „abgelegen" ist, erreicht man doch von ihm aus in dreiviertel Bahnstunden die immerhin nicht unbedeutende Stadt Magdeburg, und außerdem kann von „aushalten" gar nicht die Rede sein. Im Gegenteil, bis auf die allerletzten Jahre vielleicht, habe ich mich dort sehr wohl gefühlt. Zunächst lagen die dienstlichen Verhältnisse für mich außerordentlich günstig, Die Klassen waren nur durchschnittlich mit etwa 20 Schülern belegt, die durchweg gesittet und keineswegs aus den Kopf gefallen waren, mit Ausnahme solcher, die schon in höheren Semestern ab und zu zu uns hinüberwechselten. Abgesehen von den ersten Jahren hatte ich nur 22-20, zuletzt nur 18 Wochenstunden zu erteilen, so daß mir viel freie Zeit zur Verfügung stand, die ich anfangs zur Erteilung von Privatstunden, später aber zum Selbststudium verwendete. Was aber die Hauptsache war, ich hatte in dem Dezernenten im Provinzialschulbollegium einen ganz außerordentlich wohlwollenden Vorgesetzten, der aus meine besonderen Wünsche, Wo er es nur konnte, bereitwilligst einging und mir Urlaub zu wissenschaftlichen Zwecken in einem Umfang verschaffte, wie er wohl selten einem Gymnaslallehrer zuteil geworden ist. Dafür sei ihm, den schon sehr lange die Erde deckt, auch an dieser Stelle der wärmste

Dank: gesagt. Füge ich noch hinzu, daß das Verhältnis zum Lehrerkollegium, einschließlich des Direktors, bei mehrfachem Wechsel, durchweg ein sehr angenehmes war, die Lebensmittel billig, die Wohnungsverhältnisse durchaus gute waren und endlich die Umgebung der Stadt durch ihre hügelige Lage und die großen Waldungen viel reizvoller war, als man beim Durchfahren mit der Bahn annehmen konnte, so begreift sich wohl, daß ich, mit einer Ausnahme, an den Wechsel an eine andere Anstalt nicht dachte und lieber in Neuhaldensleben blieb. Von dieser einen Ausnahme soll nachher noch die Rede sein. – Ich habe wohl schon früher einmal geäußert, daß ich gern Lehrer gewesen bin und wiederhole es an dieser Stelle noch einmal. Freilich lagen die Verhältnisse an den höheren Schulen damals, als ich in Neuhaldensleben eintrat, wesentlich günstiger als jetzt, wo sowohl Lehrer wie Schüler auch aus anderen Gebieten als in ihrem besonderen Arbeitsfeld ganz außerordentlich in Anspruch genommen werden! Ich bin weit entfernt davon, deshalb auf unsere heutigen Schuleinrichtungen einen Stein werfen zu wollen, denn die allgemeinen Verhältnisse haben sich eben seit jener Zeit bedeutend verändert – ich sage unbedenklich –, verschlechtert. Wir können die Welt nicht rückwärts drehen, aber darin wird mir jeder Schulmann ohne weiteres recht geben, daß die Schule von diesen leider notwendigen Veränderungen keinen Vorteil und daß es der Lehrer damals ungleich angenehmer und leichter gehabt hat, als heutzutage!

Eine Hauptaufgabe war für mich zunächst, zumal Ostern 1885 die erste Abiturientenprüfung in Aussicht stand, der mathematische und physikalische Unterricht in den oberen Klassen, den ich dann bis ein Jahr vor meinem Abgang ununterbrochen erteilt habe. Da mein Vorgänger im Amte gut vorgearbeitet hatte, so wurde das Ziel Ostern 1885 auch in der Mathematik von allen Abiturienten erreicht. Der Mathematiker hatte es im allgemeinen viel leichter im Unterricht als die Lehrer in Sprachen, Geschichte oder in anderen Realien, denn erstens liegt sein Stoß ein für allemal logisch vor ihm ausgebreitet, so daß er, zumal bei der Fülle sehr guter Ausgabensammlungen, sich für seinen Unterricht kaum vorzubereiten braucht, vorausgesetzt natürlich, daß er etwas von seinem Fach versteht. Ich darf wohl ohne Überhebung sagen, daß das bei mir der Fall war. Und endlich erfordert die Korrektur mathematischer Arbeiten im Durchschnitt erheblich weniger Zeit als die sprachlichen Arbeiten und Aufsätze. In der Mathematik ist etwas entweder falsch oder richtig, ein Zwischending, wie bei anderen Fächern, gibt es nicht und dieser Umstand erleichtert die Korrektur mathematischer Arbeiten außerordentlich. Ich habe bei meinem Unterricht stets den Grundsatz vertreten, daß die Förderung begabter und geweckter Jungen wertvoller und wichtiger ist als die oft erfolglose Mühe, unbegabten und minderwertigen Jungen wenigstens irgend etwas beizubringen und weiß sehr wohl, daß man über diesen Punkt auch anderer Meinung sein kann; aber beinahe 30jährige Erfahrung hat mich gelehrt, daß die meisten Jungen, namentlich wenn sie etwas älter geworden sind, entgegen der sonst üblichen Ansicht, für die Mathematik größeres Interesse haben als für die übrigen Fächer, sobald man ihnen nicht da Schwierigkeiten in den Weg legt, wo überhaupt keine vorhanden sind! Ich habe verhältnismäßig selten einen Schüler gehabt, mit dem überhaupt nichts anzufangen war, dagegen viele, die für die Mathematik gut veranlagt waren. Neben dem mathematisch-physikalischen Unterricht in den oberen Klassen habe ich die ersten vier Jahre hindurch das Ordinariat in der Quinta verwaltet, das mir im ganzen sehr viel Freude bereitet hat. Natürlich hatte ich als Ordinarius auch den lateinischen Unterricht zu erteilen, der mir aber weit weniger Kopfzerbrechen bereitete als der Unterricht in der Naturkunde, der mir ziemlich fern lag. Später habe ich dann, auf meinen besonderen Wunsch, Jahre hindurch den Unterricht im Rechnen, der Mathematik und Geographie in der Quarta erteilt, die bald meine Lieblingssklasse wurde, so daß ich mich als ihren Ordinarius „in partibus" betrachtete. Dieser Unterricht hat mir besonders viel Spaß gemacht und steht mir in der Erinnerung an meine Lehrerzeit am lebhaftesten vor Augen. So ein Verwachsensein von Lehrer und Schüler, wie es dort bestand, ist selbstverständlich in den großstädtischen Gymnasien mit ihrer hohen Schülerzahl von vornherein unmöglich. Sehr häufig habe ich diesen Unterricht in der besseren Jahreszeit im Freien gegeben. Eine Neuerung, die damals viel Kopfschütteln hervorgebracht hat, mir aber, dank der wohlwollenden Einsicht der vorgesetzten Behörde, ohne weiteres gestattet wurde. –

Daß ich schon damals auch größere Lehrausflüge und -märsche mit meinen Schülern gemacht habe, als so etwas noch nicht an der Tagesordnung war, hängt etwas mit dem Umstand zusammen, daß ich während der ersten zehn Jahre meines Aufenthaltes in Neuhaldensleben auch noch den gesamten Turnunterricht zu geben hatte. –

Solange das Gymnasium noch keine Turnhalle hatte, entfaltete sich der Turnunterricht so, daß im Sommer vorzugsweise Turnspiele gepflegt wurden, für die zuweilen längere Turnmärsche eintraten.während im Winter nur der Tanzsaal einer Wirtschaft zur Verfügung stand, in welchem wegen des glatten Bodens sich nicht selten größere oder kleinere Unfälle ereigneten. Nach Fertigstellung der Turnhalle kamen zu den regelmäßigen Turnstunden für alle Schüler noch solche für Vorturner hinzu, so daß die Arbeitslast schließlich drückend wurde und ich um Befreiung vom Turnunterricht bitten mußte. Meine Stelle nahm dann ein neu angestellter Elementarlehrer an, unter dem sich das Turnen weiter kräftig entfaltete. Meiner Ansicht nach ist der Gedanke der Regierung, den Turnunterricht nur solchen Lehrern anzuvertrauen, bei denen die Schüler auch wissenschaftlichen Unterricht haben, ein durchaus gesunder und fruchtbarer. Soviel ich weiß, ist er nun überall zur Durchführung gebracht, während damals, vor 50 Jahren, er erst in der Entwicklung begriffen war. –

Ostern 1886 veröffentlichte ich im Programm des Gtymnasiums eine Schrift: „Gustav Theodor Fechner als Naturphilosoph. Ein Beitrag zur Geschichte des Positivismus", in der ich meine bisherigen Studien über Fechner zusammenpaßte und zugleich abschloß, da ich mich fortan ganz anderen Arbeitsgebieten zuwendete. Sie trug mir, worauf ich stoker bin als auf irgendwelche sonstige Anerkennung meiner wissenschaftlichen Leistungen, ein sehr warmes Lob von Fechner selbst ein, das er mir in einem ausführlichen Briefe vom 2. April 1887 spendete, worin er mich zugleich mit zitternder Hand einlud, ihn doch bei nächster Gelegenheit in Leipzig zu besuchen. Ich tat dies auf der Rückreise von einer meiner Reisen in den Böhmerwald am 31. Juli desselben Jahres. Nie werde ich die wenigen Stunden vergessen, da ich im Studierzimmer Fechners dem ehrwürdigen Greise gegenübersaß, der mit einem großen Schirm seine müden Augen deckte und im Verein mit seiner Gattin im traulichen Gespräch sein Inneres öffnete. Sie gehören zu den unvergeßlichsten Eindrücken, die ich überhaupt in meinem Leben empfangen habe. Noch im gleichen Jahre ist er, 86jährig, körperlich auf immer von uns geschieden, aber im Geiste lebt er weiter in seinen Schriften und im Herzen so vieler Menschen, die von seinem Licht gezehrt haben! Die späteren Schulprogramme, die ich veröffentlichte, beziehen sich sämtlich aus Seenkunde. Ich komme auf sie später im Zusammenhang mit der Darstellung meiner wissenschaftlichen Arbeiten zurück.

Die Sommer-und Herbstferien habe ich eine ganze Reihe von Jahren hindurch vom ersten bis zum letzten Tage zu größeren Reisen verwandt, die mich zunächst meist in die Alpen, später dann auch häufig in andere Gegenden unseres Vaterlandes, oft aber auch über seine Grenzen hinausführten. Die Beschreibung mancher derselben habe ich später in meinem Buche „Abseits der Heerstraße" (s. unten) zusammengefaßt; doch bringt dasselbe nur eine Auswahl von ihnen. Gewöhnlich stand ich schon am Mittag des letzten Schultages vor Beginn der Ferien auf dem Bahnhof, um in Magdeburg den Schnelkug zu erreichen, der nach Süden fuhr, um erst mit dem letzten Abendzuge am letzten Ferientag heimzukehren. Ich hatte 1889 eine Ortsgruppe des V.D.A. in Neuhaldensleben gegründet und mein Interessekonzentrierte sich in den nächsten Jahren besonders auf die deutschen Sprachinseln jenseits des Hauptkammes der Alpen. Von den Gemeinden südlich des Monte-Rosa-Stockes bis zu den deutschen Gemeinden in Friaul gibt es wohl keine, die ich nicht persönlich kennengelernt habe. Das Interesse für den „Bund" für das Deutschtum im Auslande, wie der frühere „Verein" jetzt heißt, hat auch später bei mir angehalten. In Jena trat ich sehr bald in den Vorstand des Landesverbandes Thüringen und war viele Jahre hindurch dessen Schriftführer. Als Vertreter desselben habe ich mehrfach an seinen großen Jahrestagungen, zuletzt in Duisburg und Marburg, teilgenommen. Zum größten Teil habe ich über diese Wanderungen in verschiedenen Zeitungen und Zeitschriften mehr oder weniger ausführlich berichtet. Leider war es bisher nicht möglich, diese Berichte in einem Band zusammenzufassen, obwohl ich glaube, daß sie in weiteren Kreisen ein Interesse hervorrufen würden. Auch die Herausgabe meiner Aufsätze über Reisen außerhalb Deutschlands, die ich unter dem Titel „Rund um Deutschland herum" beabsichtigte, ist leider nicht zustandgekommen.

In den Beginn dieser „Sprachinselreisen", die ich bald auch aus Böhmen und Ungarn ausdehnte, fällt meine Verheiratung mit Charlotte Kühne, der Tochter eines Magdeburger Kaufmanns, deren Bruder bei uns das Probejahr absolvierte. Obwohl oder vielleicht gerade weil uns keine Kinder beschert waren, sind wir uns sehr nahe gestanden; ihr vornehmster Charakterzug, durch den sie so viele Menschen bezaubert hat, war eine unaussprechliche

Herzensgüte. Leider war sie, wenigstens in der ersten Hälfte unserer beinahe 40jährigen Ehe, meist körperlich behindert, größere Fußmärsche zu machen und so habe ich denn die oben erwähnten Reisen, mit wenigen Ausnahmen, allein ausführen müssen.

Für das Sommerhalbjahr 1894 hatte ich um Urlaub nachgesucht, um an der Universität Halle meine großen Lücken auf geologischem Gebiete möglichst außufüllen. Die Leidenschaft meiner frühen Jugend, die Geographie, hatte mich aufs neue erfaßt und ich erkannte die Notwendigkeit, mich intensiver mit geologischen Fragen zu beschäftigen. So besuchte ich denn in Halle in erster Linie die Vorlesungen und Übungen des berühmten Geologen Freiherrn von Fritsch, an die sich zahlreiche geologische Exkursionen, auch in die weitere Umgebung von Halle, anschlossen. Richtunggebend aber für alle meine späteren Studien war eine Vorlesung des damaligen Privatdozenten Dr. Willi Ule über Seenkunde. Es war sowohl die erste Vorlesung, die aus deutschen Universitäten speziell über dies Gebiet gelesen wurde. Ule verstand es in hohem Maße, seine nicht sehr zahlreiche Hörerschaft in dies Gebiet einzuführen an der Hand sehr gutausgesuchter Beispiele und ich faßte sehr bald den Entschluß, mich ihm eingehend zu widmen. Für die Anregungen, die Ule mir gab, bin ich ihm, der noch heute als Emeritus an der Rostocker Universität Vorlesungen hält, außerordentlich dankbar. Der Lesesaal der Universitätsbibliothek sah mich fast jeden Tag mehrere Stunden, in denen ich versuchte, in die vorhandene Literatur über Seen, soweit sie die Bibliothek zur Verfügung hatte, einzudringen und schon in den beiden Monaten August und September machte ich, wirksam unterstützt durch meine Frau, den Versuch, durch morphologische und physikalische Untersuchungen an einer Reihe von Seen im Lechgebiet, die im nächsten Jahre in Petermanns Geographischen Mitteilungen veröffentlicht wurden, die Seenkunde zu erweitern. Diese Veröffentlichung war die erste einer sehr großen Reihe ähnlicher, die ich bis vor wenigen

Jahren durchgeführt habe, bis eben die unausbleiblichen Beschwerden des Alters mir das Arbeiten im Felde unmöglich machten. F. G. Hahns Führer durch Nordwestdeutschland machte mich auf den in der nördlichen Altmark ganz isoliert gelegenen Arendsee aufmerksam, dem ich eine Reihe von Jahren meine Aufmerksamkeit schenkte, obwohl er damals, als es noch kein Auto gab, nur auf ziemlich großen Umwegen von Neuhaldensleben aus zu erreichen war. In den Sommerferien 1895 nahm ich an den Verhandlungen des VI. Internationalen Geographenkrongresses in London teil. Da ich Delegierter des Sächsisch-Thüringischen Vereins für Erdkunde in Halle war, wurde auch mir, wie den anderen Delegierten, das Vergnügen zuteil, dem damaligen Thronfolger Englands, dem jüngst verstorbenen Georg V., die Hände zu schütteln. Auf diesem Kongreß hielt ich in Gegenwart des Altmeisters unserer Wissenschaft Prof. Forel aus Morges in englischer Sprache meine Jungfernrede über ein limnologisches Thema. Eine Reihe von Koryphäen, namentlich auf dem Gebiet der Polarforschung, unter ihnen der greise Clement Markham, bildeten eine Zierde dieser Zusammenkunft. Auf dem Hinweg besuchte ich die hauptsächlichsten Städte Belgiens, während ich den Rückweg durch Holland nahm. Im folgenden Jahre hatte ich das Glück, aus einer Reise durch die Schweiz in den Sommerferien an den Gestaden des Genfer Sees sowohl Forel in seiner Heimat Morges, wie den bedeutendsten französischen Seenforscher Deleberque in Thonon antreffen zu können, während ich in den Herbstferien eine genaue Ausnahme sämtlicher Maare der Eifel vornahm. Im folgenden Jahre im Sommer lernte ich einen großen Teil Hollands, namentlich die Städte um die Zuidersee herum, kennen, während mich die Herbstferien aus einer Studienreise durch die Seen des Schwarzwaldesführten, deren Bodenformen bis dahin teils nur mangelhaft, teilsüberhaupt gar nicht bekannt waren. Im Sommer brachte ich diese Untersuchungen zur Vollendung. Noch im Frühjahr des gleichen Jahres

machte ich den ÜI. Italienischen Geographentag in Florenz mit,
hielt selbst einen Vortrag in italienischer Sprache über die
Morphometrie oberitalienischer Seen und machte dadurch Bekanntschaft mit den hervorragendsten italienischen Seenfor-
schern, die zufällig aus dem Kongreß anwesend waren.

Meine Arbeiten über den Arendsee hatten die Ausmerksam-
keit des Vortragenden Rates Friedberg im Preußischen Landwirtschaftlichen Ministerium, eines geborenen Arendseers, aus mich
gelenhtund ihm oerdanhe ich es hauptsächlich, daß mich sein
Ministerium einige Jahre später beauftragte, das umfangreiche
Seengebiet Hinterpommerns und angrenzender Teile von Westpreußen und Brandenburg im Interesse der Fischerei zu untersuchen. Diese Untersuchungen haben mich, mit einigen Unterbrechungen, zwei volle Jahre, von Ostern 1899 bis Ostern 1901,
beschäftigt und da 1899 Ostern früh, 1901 dagegen spät fiel, so
war ich im ganzen etwa 25 Monate hindurch von Neuhaldensleben abwesend. Die mir sehr wohlwollende Behörde in Magdeburg hatte, auf Ersuchen des Landwirtschaftlichen Ministeriums,
den nötigen Urlaub dazu erteilt und zugleich die Kosten für meine Vertretung am Gymnasium zur Hälfte bewilligt. Da außerdem
noch das Landwirtschaftliche Ministerium einen erheblichenKo-
stenzuschuß bewilligte, so konnte ich nicht nur unbeschwert
mich meinen Untersuchungen hingeben, sondern auch meine
Frau mitnehmen, welche mir sehr wertvolle Dienste geleistet hat.
Die in den Ergänzung heften zu Petermann Mitteilungen nieder-
gelegte Veröffentlichung habe ich daher mit Fug und Recht ihr
gewidmet. Es war eine schöne Zeit, die wir zusammen in dem
mit Unrecht verschrienen Hinterpommern verbracht haben, reich
an wissenschaftlichen Ergebnissen, reich aber auch an persönlichen Beziehungen mit Menschen, mit denen ich zum Teil noch
heute in lebhafter Verbindung stehe. In erster Linie galten meine
Arbeiten der Auslotung sehr vieler Seen, deren Tiefenverhältnisse bisher entweder gar nicht oder nur sehr unvollkommen be-

kannt gewesen waren. In dem Dratzig bei Tempelburg entdeckte ich den tiefsten See, den Deutschland außerhalb dee Alpengebietes besitzt. Diese Stellung hatte bisher das Pulver-Maar in derEifel eingenommen, da früher auch von mir auzgelotet war, während ihm jetzt nur die zweite Stelle zukommt. Zahlreiche Untersuchungen über die Temperatur und Durchsichtigkeitsverhältnisse der Seen, namentlich in ihrem Zusammenhang mit anderen Eigenschaften und über die chemische Zusammensetzung des Wassers, schlossen sich an. Die Sauerstoffbestimmungen nahm ich aus Zeitersparnis mit dem Tenax-Apparat vor, dessen Genauigkeit von manchen Seiten später bezweifelt wurde. Da meine Untersuchungen ja in erster Linie der Fischerei zugute kommen sollten, so wurde auch überall Rücksicht aus die fischereilichen Verhältnisse genommen und ich habe gerade über diesen Teil meiner Arbeiten, die sich ja über alle Jahreßeiten und über die verschiedensten Teile Hinterpommerns erstreckten, dem Pommerschen Fischereiverein wiederholt Bericht erstattet. Drei Jahre später beabsichtigte ich, neue Untersuchungen namentlich dort fortzusetzen, wo sie bisher noch nicht genauer durchgeführt werden konnten. Das Landwirtschaftliche Ministerium in Berlin hatte mir einen beträchtlichen Kostenzuschuß bewilligt, ebenso das stetsbereitwillige Provinzialschulkollegium in Magdeburg den entsprechenden Urlaub. Die Sache scheiterte jedoch an der Unmöglichkeit, einen geeigneten Vertreter am Gymnasium zu finden und ich mußte mich damit begnügen, in den gesetzlichen Sommerferien 1904 eine Anzahl Seen der Kreise Rummelsburg und Lauenburg aufs Korn zu nehmen. Die Resultate auch dieser Untersuchung sind in Petermanns Mitteilungen veröffentlicht.

Die Zeit von Ostern 1899 bis Ostern 1901 war, wie ich schon oben andeutete, durch mehrfache Reisen und andere Abhaltungen angenehm unterbrochen. Zunächst wohnte ich dem VII. Internationalen Geographenkongreß, der Ende September in Berlin stattfand, bei und hatte hier zuerst die mir sehr willkommene

Gelegenheit, den Geographen Ferdinand von Richthofen näher-
treten zu können, dessen Bekanntschaft mir für später von großem Vorteil war. Ich nahm auch an der Teilexkursion nach Ost-
und Westpreußen, die vor der Berliner Tagung stattfand, teil und
lernte dabei einmal diese Landstriche und dann insbesondere den
bedeutendsten Limnologen Rußlands, Anutchin, näher kennen,
was mir in Zukunft gleichfalls sehr wertvoll war. Die Monate
August–September 1900 benutzte ich zu einer Reise durch große
Teile von Frankreich zum Teil im Anschluß an den X. Internationalen Geologenkongreß in Paris, indem ich mich besonders an
den Exkursionen durch Südfrankreich beteiligte. Da in das gleiche Jahrdie große Weltausstellung in Paris fiel, herrschte in ganz
Frankreich schon aus geschäftlichen Gründen eine außerordentlich große Fremdenfreundlichkeit, die natürlich auch auf die
Deutschen abfärbte, welche sich zahlreich an den Exkursionen
beteiligten. Mehrere dieser Teilnehmer sind später an deutschen
Hochschulen führende Männer der Geographie geworden.Im
März-April 1901, als die Felduntersuchungen in Hinterpommern
ihr Ende erreicht hatten, benutzte ich die freie Zeit bis zum Beginn des Sommerhsalbjahres, um die schöne Insel Sizilien gründlich kennenzulernen. Auch aus dieser Reise knüpfte ich mit italienischen Fachgenossen nahe Beziehungen an, die zwar durch
den Weltkrieg unterbrochen, später aber wieder aufgenommen
wurden. Ende April 1901 nahm ich meine Schultätigkeit in Neuhaldensleben wieder auf, äußerlich belohnt durch meine außer
der Reihe erfolgte Ernennung zum Professor als Amtstitel. Ich
bin dann wieder sehr gern Lehrer gewesen, aber ich hatte jetzt so
viele Verbindungen mit Forschern auf verschiedenen Gebieten
der Seenkundegeknüpft und selbst neuartige Untersuchungen
angestellt, daß ich begreiflicherweise den Wunsch hatte, meine
Stellung in Neuhaldensleben mit einer anderen in einer Universitätsstadt zu vertauschen,um dann gleichzeitig mich an der betreffenden Universität für Geographie zu habilitieren und streckte,

um diesen Zweck zu erreichen, meine Fühlhörner besonders nach Marburg aus, wo zweimal eine Mathematikerstelle ziemlich kurz hintereinander, einmal am Gymnasium, das andere Mal an der Oberrealschule, frei wurde. Meine Bemühungen führten leider nicht zum Ziel. Ich habe später gehört, daß gerade der Umstand, daß ich meine Habilitationsabsichten frühzeitig ausplauderte, wohl die Hauptursache meines Mißerfolges gewesen ist. Die maßgebenden Behörden nahmen vermutlich an, vielleicht nicht ganz ohne Grund, daß meine Tätigkeit an der Schule unter der Ausübung der Prioatdozentur leiden könnte.Durch diese Mißerfolge ließ ich mich aber keineswegs abschrecken,meine Arbeiten auf dem Gebiete der Seenkunde fortzusetzen, die ich auch aus außerdeutsche Gebiete, so z. B. aus die österreichischen Alpen, die Hohe Tatra und Mittelitalien, ausdehnte. An einer Anzahl von Sonntagen der Winter 1901 bis 1903 stellte ich Untersuchungen über die zwar kleinen, aber recht interessanten Einsturzbecken am Südrand des Harzes an, wobei der Umstand, daß sie eine Eisdecke trugen, mir sehr zustatten kam.

Während des XIII. Deutschen Geographentages in Breslau hielt ich, besonders von von Richthofen dazu ermuntert, einen Vortrag über die Bedeutung limnologischer Landesanstalten für die geographische Wissenschaft, der sich in einem Antrag über die Errichtung solcher Anstalten, zunächst für Preußen, verdichtete. Im Laufe der Tagung zog ich ihn aber wieder zurück zugunsten eines Antrages von Richthofen-Schmeißer, welcher eine „systematisch möglichst vielseitige Erforschung der einheimischen Seen für eine wichtige und Erfolg versprechende Aufgabe des Staates" erklärte und einstimmige Annahme fand. Im Anschluß daran trat ich mit Unterstützung Richthofens mit Oberbergrat Schmeißer , dem damaligen Direktor der Preußischen Geologischen Landesanstalt, in Unterhandlungen über die Angliederung einer limnologischen Abteilung eben dieser Landesanstalt ein, welche sich jedoch zerschlagen, weil Schmeißer zwar im Prinzip wohl dafür war und mir die Leitung einer solchen Zweigabteilung in Aussicht stellte, aber unter der Bedingung, daß ich zuvor einige Jahre in der Geologischen Anstalt tätig sein sollte. Dafür fehlten mir aber einerseits die Vorkenntnisse, andererseits die Neigung. Ich lehnte daher diesen Vorschlag ab. Im Herbst 1901 begann ich, wiederum durch von Richthofen ermuntert, eine neue Reihe von Beobachtungen über stehende Wasserwellen (seiches) im Madüsee, die zwei Jahre hindurch fortgesetzt wurden. Die PreußischeAkademie der Wissenschaften in Berlin hatte mir, infolge dringender Befürwortung Richthofens, für beide derselben je 1000 Mh. bewilligt, um mit Hilfe des Sarasinschen Präzisionsinstrumentes diese Schwingungen gleichzeitig an beiden Enden des Sees fortlaufend aufzeichnen zu können. Natürlich konnte ich nur die Aufstellung der Apparate in dafür besonders konstruierten Beobachtungshäuschen in die Wege leiten; ihre fortlaufende Bedienung mußte ich einer an Ort und Stelle wohnhaften Persönlichkeit anvertrauen, nachdem ich sie gehörig instruiert hatte. Sie fand sich in der Person des Oberfischmeisters Weidmann in Earolinenhorst, dem ich dafür zu großem Dank verpflichtet bin. Leider hat er dabei den Tod gefunden, was ich tief beklage. Zur Kontrolle der Beobachtungen fuhr ich mehrere Male an Ort und Stelle. Ich benutzte dazu teils die Sonnabendnachmittage und die Sonntage, teils die Schulferien. Diese Untersuchungen sind in der eben angedeuteten Art in Deutschland zuerst durch mich ausgeführt worden und haben zu beachtlichen Resultaten geführt. Sie regten auch die Aufmerksamkeit des damals bedeutendsten Seichesforschers Professor Chrystal in Edinburgh, welcher mich zu einer Reise nach Schottland veranlaßte, die ich im Jahre 1905 unternahm. Es war die zweite Auslandsreise, die ich in diesem Jahre machte;im Frühjahr hatte ich, begleitet von meiner Frau, die französische Riviera gründlich durchstreift und auf der Rückkehr längere Zeit am Lac d'Anneey in Savoyen geweilt, der Klassischen Arbeitsstätte des großen französischen Seenforschers Delebeeque, dessen ich bereitsfrüher Erwähnung getan habe. Die schottische Reise zeigte sich außerordentlich ergebnisreich für mich. Ich lernte nicht nur Chrystal undseine Arbeitsmethoden am Loch Earn kennen, sondern auch S. Wedderburn , die Seele der schottischen Lake survey, die die schottischen Seen nach vieler Richtung hin zu den am intensiv untersuchteste nder Welt gemacht hat, durfte einen vollen Tag im Hause von Sir John Murray in Falkland weilen, des Bearbeiters der berühmtenenglischen Ozeanexpedition des Challenger und des Anregers und hauptsächlichen Geldgebers der eben erwähnten Lake survey und lernte, abgesehen von den beiden schottischen Großstädten Edinburgh und Glasgow, einen großen Teil des schottischen Seendistriktes, den Ben Nevis, den höchsten Punkt Großbritanniens, und die interessantesten Hebrideninseln Staffa, Iona, Skye und Lewis kennen.

Auf der Rückreise durch Holland versäumte ich diesmal nicht, das kleine Riinsburg mit dem von Efeu beschatteten Wohnhause Spinozas aufzusuchen, dessen philosophische Weltanschauung vielfach so nahe mit derjenigen Fechners, des Leitsternes meines Lebens übereinstimmt.

Das folgende Jahr (1906) verlief in erheblich anderer Weise als alle vorangegangenen. Ich hatte mir, wahrscheinlich durch Überanstrengung beim Schilaufen im Salzkammergut gleich zu Beginn des Jahres eine Herzerweiterung zugezogen und begab mich zurAusheilung derselben mit meiner Frau zunächst nach St. Blasien, wo wir den ganzen Februar beim herrlichsten Winterwetter zubrachten. Ein kurzer Aufenthalt in Davos Anfang März, der sich daran anschloß, drohte die guten Erfolge der Kur in St. Blasien wieder zunichte zu machen. Wir begaben uns daher für den Rest des Monats an den Luganer See und kehrten erst Anfang April nach Deutschland zurück. Um aber das noch nicht völlig behobene Übel völlig auszukurieren, ging ich Mitte April auf ins Wochen nach Nauheim, das mir sehr gute Dienste getan hat. Daran schloß sich ein Aufenthalt in dem Luftkurort Rüttihubelbad bei Bern an, wo ich mich wieder mit meiner Frau vereinigte. Während letztere mit ihrer Mutter noch dortblieb, nahm ich einen längeren Aufenthalt in Ilmenau, der mich so kräftigte, daß ich nach fünfmonatiger Abwesenheit Mitte Juni wieder in Neuhaldensleben anlangte, um meinen Dienst wieder aufzunehmen. Da aber der Arzt davon abriet und der Magistrat der Stadt sofort bereit war, meinen Urlaub noch zu verlängern, so machte ich von diesem Anerbieten Gebrauch und beschloß, den Monat August dazu zu verwenden, Dänemark näher kennenzulernen. Ich besuchte zuerst Kopenhagen und seine weitere Umgebung, fuhr von Kalandsborg zu Schiff nach Aarhus in Jütland, durchreiste Jütland bis Kap Skagen und hielt mich dann einige Zeit in dem wunderschönen Seengebiet in der südländischen Schweiz in der Umgegend von Silkeborg aus, wobei ich konstatieren konnte, daß die Bevölkerung der dortigen Gegend im ganzen ziemlich deutschfeindlich gesinnt war. Nach kurzem Aufenthalt in dem jetzt dänisch gewordenen Teil Schleswigs und am Schaalsee im Lauenburgischen, traf ich am 18. August wieder in Neuhaldensleben ein, aber nur, um es schon nach 14 Tagen wieder zu verlassen und in dem Sanatorium Ernseerberg bei Gera zu versuchen, meine Herzschwäche endgültig zu überwinden. Den restlosen Bemühungen des Sanatoriumsleiters Dr. Strünckmann ist dies in der Tat gelungen und in den fast 30 Jahren, die seitdem verflossen sind. sind mir ernstliche Erkrankungen des Herzens auf längere Zeit erspart geblieben.

Nach dreiwöchentlichem Aufenthalt in Ernseerberg fuhr ich, da ich noch bis zum Beginn des Winterhalbjahres beurlaubt war, noch immer nicht in die Heimat zurück, sondern nahm noch einen längeren Aufenthalt im schönen Taubertal, um Erinnerungen an frühere Zeiten, da ich von Würzburg aus häufig in ihm weilte, wieder aufzufrischen. Zum Beginn des Winterhalbjahres nahm ich meinen Unterricht am Gymnasium wieder auf.

Schon bald nach meiner Übersiedelung nach Neuhaldensleben hatte ich mich auch mit politischen Fragen beschäftigt und wurde Mitglied des N. Zweigvereins der Nationalliberalen Partei. Als solcher nahm ich an allen Wohlkämpfen zwischen meiner Partei und den Konservativen, denen sich seit Anfang der 90er Jahre als ein sehr beachtenswerter Gegner die Sozialdemokratische Partei zugesellt hatte, in Wort und Schrift regen Anteil; zum ersten Male, als es sich 1890 um die Wiederwahl des Freisinnigen Forckenbeck handelte, der ja lange Zeit hindurch Reichstagsvorsitzender gewesen ist. Seine Partei wurde von uns Nationalliberalen kräftig unterstützt; nach dem Tode Forckenbecks stellten wir selbständig einen Reichstagskandidaten, der dann meist von den Freisinnigen unterstützt wurde.Nachdem ich inzwischen mehrfach den Wahlkreis bei den Delegiertentagungen der Nationalliberalen Partei vertreten hatte, wurde ich im Jahre 1907 zum Wahlkreisobmann des Wahlkreises Neuhaldensleben-Wolmirstedt gewählt und behielt das Amt bis zu meinem Weggang aus Neuhaldensleben. Als solcher bekam ich nun einen tieferen Einblick in das politische Treiben der Gegenwart und gewann daraus die Überzeugung, daß ich mich nicht zu einem politischen Führer eignete. Ich konnte zwar, das werden mir auch meine politischen Gegner ohne weiteres zugeben, in Wahlversammlungen ganz wirksam politische Reden halten, aber als Debatter versagte ich; denn ich vermochte nicht meinem Gegner unmittelbar in die Parade zu fahren, sondern mußte mich erst geraume Zeit sammeln, währenddessen aber der geeignete Augenblick meist vorüberging. Als man mich daher bei der Reichstagswahl 1908 zum Reichstagskanndidaten der Nationalliberalen Partei für unseren Wahlkreis ausstellen wollte, lehnte ich sofort ab und befürwortete die Wahl eines Landwirtes aus der Umgegend, den ich für viel geeigneter hielt und der dann in der Tat auch bei derWahl als Sieger hervorging. –

Die Sommer und Herbstferien des Jahres 1907 benutzte ich nicht zu Auslandsreisen, sondern zu einem längeren Aufenthalt je im Schwarzwald und im Schwabenland, das erstemal von meiner Frau begleitet. Im Frühjahr des folgenden Jahres verlebte ich einigeWochen am Lago Maggiore, den ich bei früheren Besuchen lieben gelernt hatte; die Sommerferien verbrachte ich teils im Sanatorium Ernseerberg, teils oben aus dem Thüringer Wald. Ich hatte ursprünglich die Absicht, den Internationalen Geographentag in Genf zu besuchen und hoffte, bei der Gelegenheit namentlich mit Forel wieder zusammenzutreffen, mit welchem ich inzwischen mehrere Fehden über limnologische Fragen geführt hatte. Doch ich war offenbar noch immer nicht von den Folgen der Herzerweiterung, die ich mir vor zwei Jahren zugezogen hatte, völlig hergestellt und mußte daher zu meinem großen Leidwesen auf diesen Plan Verzicht leisten.

Im Frühling 1909 ging ich deshalb auf eine Woche nach Bad Orb im Nordspessart, wo ich mich so schnell erholte, daß ich den Deutschen Geographentag, der in Lübeck tagte, und die daran anschließenden Exkursionen mühelos überwand. In den Sommerferien besuchte ich mit meiner Frau zunächst die alten Städte an der Salzach: Burghausen, Tittmoning, Lauffen usw. und sodann die schönen Seen im Salzkammergut. Meinen seenhundlichen Studien blieb ich aber unentwegt treu, denn während dieser Reise nahm ich eine Neuauslotung eines Teiles des Mondsees vor, wozu ich durch Seichesbeobachtungen von Endrös geführt worden war, die mit den bisher angenommenen Tiefenverhältnissen des Sees im Widerspruch standen. Dabei zeigte es sich, daß meine Vermutung über unrichtige Tiefenmessungen in diesem Teil des Mondsees zu Recht bestand. In den Herbstferien war ich gleichfalls auf seenkundlichem Gebiete tätig durch Auslotung des kleinen, aber sehr merkwürdigen Hemmelsdorfer Sees bei Lübeck und des Selenter Sees in Ostholstein. –

Nun aber zurück zu meiner Schultätigkeit in Neuhaldensleben. Diese hatte einerseits durch den Eintritt eines neuen Provinzialschulrates in Magdeburg, andererseits durch mein oft wenig günstiges Befinden einen Riß erhalten, der sich nicht wieder zuziehen wollte. Bei der Korrektur mathematischer Prüfungsarbeiten hatte ich einige an und für sich unbedeutende Flüchtigkeitsfehler von Abiturienten übersehen, wie mir dies früher vielleicht schon einige Male passiert sein mochte. Dies gab dem neuen Schulrat, dem ich von Anfang an wohl eine unsympathische Persönlichkeit sein mochte, willkommenen Anlaß, mir eins zu versetzen und von Ostern 1909 ab den Unterricht in der Qberprima einem jungen Oberlehrer anzuvertrauen. Schon damals war ich fest entschlossen, die nächste Gelegenheit zu benutzen, um mein Amt am Gymnasium niederzulegen. Der Kreisarzt bestätigte mir, daß meine körperlichen Kräfte für die Fortführung des Amtes nicht mehr völlig ausreichten und ich suchte im Frühjahr 1910 um meine Pensionierung nach. Der Magistrat aber, mit dem ich stets im besten Einvernehmen gestanden hatte, wollte mir Gelegenheit geben, meine Gesundheit wiederherzustellen, verweigerte meine Pensionierung und bewilligte mir einen Urlaub, zunächst bis zum Herbst, der aber dann noch bis zum Schluß des Jahres, aber nicht etwa auf mein Ansuchen, verlängert wurde. Ende März 1910 gab ich, ich darf wohl sagen zum großen Bedauern der Schüler, die letzte Unterrichtsstunde und begab mich dann zunächst aus längere Zeit auf Reisen, von denen im nächsten Abschnitt die Rede sein wird. –

Auf meine Tätigkeit am Gymnasium in Neuhaldensleben blicke ich, wenn sie auch rein äußerlich mit einem Mißklang endigte, im ganzen mit großer Befriedigung zurück. Gestattete sie mir doch nebenbei durch Ausnutzung der Ferien und mehrfach bereitwilligst erteiltem Urlaub meinen wissenschaftlichen Neigungen nachzugehen. In Neuhaldensleben fand ich meine treue Lebensgefährtin und zahlreiche Freunde, die leider gleich meinen

Universitätsfreunden alle schon die kühle Erde deckt; ich genoß den behaglich geselligen Verkehr in einerkleinen Mittelstadt, in welcher es keineswegs an geistig anregenden Menschen fehlte.

Daß ich schließlich Neuhaldensleben gern mit einer Universitätsstadt eintauschte, liegt in der natürlichen geistigen Entwicklung eines Menschen und bedeutet keineswegs eine Undankbarkeit gegenüber seinen Bewohnern und des stets gleichbleibenden Entgegenkommens seiner Behörden. Ich konnte mich später noch oft davon überzeugen, daß sowohl die Schüler der Anstalt wie die Bürger der Stadt meiner stets mit Liebe und Achtung gedachten, und so fühle ich mich auch jetzt noch mit der alten Stätte meiner früheren Wirksamkeit und den alten Schülern aufs engste verbunden.

VIII. Jena I

(1910 bis 1919)

Ich hatte mir natürlich schon vor meinem Abgang aus Neuhaldensleben die Frage vorgelegt, was nun? Ich war davon überzeugt, daß ich, wenn ich nicht mehr „des Dienstes ewig gleichge-
stellte Uhr" über mir würde schlagen hören, in kurzer Zeit meine
Kräfte vollständig wiedererlangen würde. Ich wollte dann versuchen, aus der akademischen Laufbahn eine Stellung zu erlangen,
die mich einerseits nicht überanstrengte, andererseits mir Befriedigung meiner wissenschaftlichen Neigungen gewähren könnte.
Ich wollte also mit anderen Worten versuchen, mich an einer
Universität zu habilitieren. Damals war ich noch so naiv, zu
glauben, daß hierzu allein wissenschaftliche Leistungen genügen
müßten. Von Universitäten kamen für mich in erster Linie Marburg und Jena in Betracht; Marburg deshalb, weil ich mit dem
dortigen Ordinarius der Geographie, Prof. Dr. Theobald Fischer,
in eine Art freundschaftliches Verhältnis gekommen war; Jena
deshalb, weil es von den Universitäten in kleineren Städten, die
für mich allein in Frage kamen, Magdeburg am nächsten gelegen
war. In Magdeburg lebte aber die Mutter meiner Frau, zwischen
welchen beiden Frauen ein besonders inniges Verhältnis bestand,
das ich nur im Notfalle durch die Verlegung meines Wohnorts in
eine weitere Entfernung stören wollte.

Marburg lag aber auf dem Wege nach der von mir beabsichtigten Italienreise, aus der ich meine Frau die Hoheit Roms und
die unvergleichlich schöne Lage Neapels, die ich beide aus früheren Besuchen gut kannte, zu zeigen beabsichtigte. – Prof. Fi-

scher zeigte sich sehr bereit, meine Habilitation in Marburg zu unterstützen, sobald ich eine geeignete Arbeit vollendet hätte, die womöglich nicht aus dem Gebiet der Seenkunde lag, wo meine Leistungen ja bekannt waren. Er schlug mir als Thema die „Kolmationen im früheren Toskana" vor, ein Thema, das mir zunächst sehr zusagte, und wir reisten über den St. Gotthard nach Genua ab. Ich muß bemerken, daß in Marburg Anfang April Ferien waren und die Stadt meiner Frau wie ausgestorben erschien, so daß sie auf sie einen recht ungünstigen Eindruck. machte. Die Seefahrt von Genua nach Neapel, die mir schonrecht geläufig war, verlief in gewohnter Weise; wir machten die bekannten Ausflüge von Neapel aus und hielten uns besonders in Amalfi und Sorrent, welche Orte meiner Frau sehr gefielen, einige Zeit auf. In Rom konnte ich ihr die mir wohlbekannten Herrlichkeiten der Stadt und ihrer imposanten Umgebung, die damals der Kultur noch nicht so erschlossen war wie jetzt, dafür aber noch den Reiz der Ursprünglichkeit sich bewahrt hatte. Dann trennten wir uns Ende April. Meine Frau fuhr direkt nach Lugano, wo sich ihre Mutter damals aushielt, während ich die ersten Vorbereitungen für meine Habilitationsarbeit an Ort und Stelle traf. Nachdem ich mit den Vorständen der Königlichen Geographischen Gesellschaft in Rom die Sache besprochen und ich mich über die wichtigste Literatur orientiert hatte, zeigte es sich aber bald, daß jene weit mehr Zeit beanspruchen würde, als ich mir vorher gedacht hatte. Ich beschloß demnach, nach einem 14tägigen Rekognoszierungsaufenthalt im Val Chiana zunächst meiner Frau nachzureisen, um einige Tage mit ihr und ihrer Mutter an den oberitalienischen Seen zu verweilen. Dort gestand sie mir, daß sie sich in Marburg voraussichtlich sehr unglücklich fühlen würde und bat, wir möchten, bevor ich mich für Marburg entschiede, doch erst gemeinsam uns in Jena umsehen. Ich ließ meine Frau und Schwiegermutter allein nach Hause reisen und verbrachte, zum Teil in Gesellschaft von Direktor W. Schmidle, wohl dem besten Kenner der Geographie des nordwestlichen Bodensees, in Konstanz und Umgebung zwölf ebenso genuß- wie lehrreiche Tage, die auch einen Besuch der berühmten Aachquelle erlaubten. Erst Anfang Juni kehrte ich nach Neuhaldensleben zurück, nachdem ich zuvor mich in Berlin mit Benck beraten hatte. Benck riet mir dringend, die Möglichkeit, mich in Marburg zu habilitieren, ja nicht von der Hand zu weisen, da ich absolut nicht wissen konnte, ob sie mir auch in Jena geboten sei. Doch ich schlug diesen gutgemeinten Rat leider in den Wind, da ich davon überzeugt war, daß das, was in Marburg möglich sei, auch in Jena zu erreichen sei, und mietete Ende des Monats eine hübsche Wohnung in Jena, das meiner Frau außerordentlich gefiel und ihren Wünschen weit mehr entsprach als Marburg. Jena hatte damals noch keinen Ordinarius für Geographie, der Vertreter für dies Fach, Schultze, der sich später Schultze-Jena nannte und jetzt schon lange Ordinarius in Marburg ist. war während meines kurzen Aufenthaltes in Jena verreist; Freunde rieten mir, den bekannten Sprachforscher Bernhard Delbrück aufzusuchen, der in Jenaer Universitätskreisen als maßgebend galt. Auf meine Frage nach den Aussichten für eine Habilitation antwortete er ausweichend und riet mir, gleich Benck, doch lieber nach Marburg zu gehen, wenn der dortige Ordinarius für meine Habilitation sich ausgesprochen hätte. Aber die Würfel waren bereits gefallen, wir, d. h. meine Frau und ich, hatten uns für Jena entschieden. Die Folgezeit hat bewiesen, daß ich „aufs falsche Pferd" gesetzt hatte, doch davon später. –

Vierzehn Tage nach unserer Rückkehr nach Neuhaldensleben machte ich mich auf eine Reise, die mich zwei Monate von dort entfernt hielt. Mit meinen vor fünf Jahren gelegentlich meines Aufenthalts in Schottland neu gewonnenen schottischen Freunden hatte ich den Plan gefaßt, den Madüsee abermals zum Schauplatz einer eingehenden limnologischen Untersuchung zu machen. Es handelte sich dabei um die genaue Erforschung von sog. „Temperaturwellen" im See, d. h. um die Erscheinung, daß die Temperatur in einem See in einer und derselben Tiefe an verschiedenen Stellenderartige Abweichungen aufweist, daß die Differenzen an ein und derselben Stelle sich innerhalb einer gewissen Zeit wiederholen, mithin um eine periodisch wiederkehrende Erscheinung. Sie war schon, namentlich auch in Schottland, wiederholt beobachtet worden, aber, wie ich kritisch bemerkt hatte, fast immer nur in verhältnismäßig schmalen Seen, deren Hauptrichtung mit der vorherrschenden Windrichtung übereinstimmte. Es kam nun darauf an, zu untersuchen, ob diese Erscheinung auch sonst in Seen auftritt und als ein sehr geeignetes Objekt hier für schien mir der Madüsee zu sein, der außerdem den großen Vorteil bot, daß sich unsern seinem Nordende eine Eisenbahnstation der Linie Stettin–Stargard befindet, mit der man leicht Stargard erreichen konnte, um sich die genaue Zeit zu holen Stargard liegt genau auf dem Nullmeridian der mitteleuropäischen Zeit –und sich auch sonst mit irgendwelchen Reservestücken der wissenschaftlichen Ausstattung versorgen konnte.

Der schon früher genannte ausgezeichnete schottische Seenforscher Wedderburn hatte sich nicht nur sofort bereit erklärt, sich an diesem Unternehmen zu beteiligen, sondern er brachte auch seinen bewährten Bootsmann Macdonald, einen echten Sohn der schottischen Hochlande, einen schottischen Studenten und – zwei sehr nette Schwestern mit. Zu meiner Unterstützung hatten sich zwei Kandidaten der Geographie, ein Herr Müller aus Berlin und ein Herr Knieriem aus Bad Nauheim, ein zur Zeit allen Schulgeographen wohlbekannter Name, bereit erklärt. Außerdem hatten sich noch ein Kandidat des höheren Schulamtes aus Pyriß und ein mir sehr befreundeter äußerst intelligenter Rechtskandidat, wenigstens zeitweilig, ihre Hilfe zugesagt. Die Zahl der Hilfskräfte mußte aus zwei Gründen etwas hochbemessen sein. Erstens sollten die Messungen völlig gleichzeitig am Südende, in der Mitte und am Nordende vorgenommen und dann sollten sie, wenigstens während einer bestimmten Zeitperiode, Tag und Nacht ohne Unterbrechung fortgeführt werden. Wir haben unser Programm während drei Wochen genau durchführen können, ohne Rücksicht auf Witterungsverhältnisse, d. h. gleichgültig, ob die Sonne glühend auf uns herunterstrahlte oder ob ein Dauerregen vom Himmel kam. Die äußere Möglichkeit dazu bot uns die dankenswerte Bereitwilligkeit des Fischereipächters des Sees, der uns drei größere Fischerei fahrzeuge zur Verfügung stellte, die meist dauernd an derselben Stelle verankert und von uns Beobachtern durch kleinere Beiboote erreicht wurden. Während der Beodachtungszeit wurde zweimal 72 Stunden hindurch jede Stunde die Temperatur des Wassersin den Tiefenschichten 10–25 in von Meter zu Meter an drei Stellen nach Möglichkeit genau zu der gleichen Zeit gemessen. Durch geeignete Lichtsignale konnten wir uns nicht nur untereinander, sondern auch mit der Stargarder Normalzeit verständigen, die, wie schon oben bemerkt, mit der astronomischen Mitteleuropäischen Zeit zusammenfällt. Das war, schon rein körperlich, eine ganz hübsche Leistung, für die ich meinen mit mir arbeitenden Hilfskräften zu großer Dankbarkeit verpflichtet bin. Für gewöhnlich wurden aber nur die Temperaturmessungen alle zwei Stunden und nur von morgens 7 bis abends 7 Uhr vorgenommen, so daß doch noch Zeit für Erholung übrig blieb,an denen natürlich die Schwestern von Wedderburn sich beteiligten.

Nach Beendigung der Beobachtungen verabschiedete ich mich in Stargard von meinen schottischen Freunden und deutschen Hilssarbeitern und eilte nordwärts, da ich den Verhandlungen und Exkursionen des X. Internationalen Geologenkongresses in Stockholm beiwohnen wollte. Letztere haben mich mit einem beträchtlichen Teil von Schweden vom 639 nördlicher Breite bis Gotenburg dekannt gemacht, unter anderem auch mit den großen mittelschwedischen Seen Mälaren, Vänern und Vättern und verliefen, dank: der großen Gastfreundschaft der Schweden und der angenehmen Gesellschaft von etwa 40 Fachgenossen aus etwa zehn verschiedenen Ländern, ohne den geringsten Mißton. Über Kopenhagen, Warnemünde, Rostock: ging es dann zurück nach Neuhaldensleben, wo wir uns sofort zum Umzugnach Jena rüsteten, das vom 1. Oktober ab nun unsere zweite Heimat wurde und bis zum heutigen Tage geblieben ist.

Meine Stimmung war infolge der so wohlgelungenen Arbeit am Madüsee und der schönen Erinnerungen an die lehr- und abwechslungsreiche Zeit in Schweden zunächst eine sehr gehobene und miteiner gewissen Zuversicht sah ich der ersten Unterredung mit Schultze entgegen. Wie ich mir hätte voraussagen können, verlief dieselbe durchaus negativ. Schultze erklärte mir die Gründe, aus denen er eine Habilitation meinerseits nicht befürworten känne, die so triftig waren, daß ich dagegen nichts einwenden konnte und mich einstweilen zufriedengab.

Bald nach meiner Übersiedelung nach Jena erschien im Verlag von Heinrich Keller in Frankfurt a. M. in der von Dr. Grothe herausgegebenen Sammlung „Angewandte Geographie" als zweites Heft der vierten Serie eine Schrift von mir, betitelt „Das Wasser im Wirtschaftsleben des Menschen", in welcher ich mich über die mannigfachen Beziehungen des Wassers zum Menschen, insbesondere auf landwirtschaftlichem Gebiet, näher verbreitete. Über das gleiche Thema habe ich dann später, als meine eigenen limnologischen Untersuchungen bei vorgerücktem Alter aufhörten, mit Vorliebe Vorlesungen an der hiesigen Hochschule, anfangs auch an der Volkshochschule, gehalten. Ich hatte beabsichtigt, im Sommer 1911 eine Reise nach Spanien zumachen, um den Castañedassee , den größten Süßwassersee dieses Landes, und seine benachbarten Hochgebirgseen näher zu untersuchen.Aber am 13. Mai bekam ich unversehens einen, wenn auch nur leichten, Schlaganfall, der mich nötigte, statt Spanien einen thüringischen Luftkurort auf längere Zeit aufzusuchen. Bis auf eine gewisse Gefühllosigkeit des Daumens, Zeigefingers und

Mittelfingers der linken Hand, die noch jetzt vorhanden ist, habe ich die Folgen dieses Unfalls sehr gut überstanden. Ich verschob die spanische Reise auf den Sommer des folgenden Jahres, doch vorher beteiligte ich mich in demselben noch an zwei sehr interessanten wissenschaftlichen Tagungen, nämlich des Oberrheinischsen geologischen Vereins in Rheinfelden zu Ostern des Jahres und des 18. Deutschen Geographentages in Innsbruck zu Pfingsten des Jahres. Wie ich wohl schon früher bemerkt habe, habe ich alle Deutschen Geographentage von 1893 ab bis zum Danziger Geographentag 1981 besucht, wahrscheinlich bin ich wohl das einzige Mitglied des Deutschen Geographentages, dem dieses Glück zuteil wurde. Auf dem Innsbrucker Geographentage brachte ich eine Resolution ein, daß es dringend wünschenswert sei, wenn auch an den wenigen Universitäten, an denen der geographische Hochschulunterricht noch nicht durch ordentliche Lehrstühle vertreten ist, gemeint sind Rostock und Jena, diese Vertretung möglichst bald erfolge. Nachdem sich über dieselbe eine längere Diskussion erhoben hatte, zog ich sie aus Zweckmäßigkeitsgründen wieder zurück. Unter den mannigfachen Ausflügen, welche sich an die Tagung anschlossen, beteiligte ich mich an denjenigen nach Südtirol. Die Abschiedsworte, welche uns Hofrat von Wieser aus dem Runkelstein zurief, haben später oft Wehmutsgedanken ausgelöst. Wer von uns hätte damals ahnen können, daß sieben Jahre später das schöne deutsche Südtirol Italien zugesprochen wurde! –

Am 8. August trat ich meine auf 1912 verschobene Reise nach Spanien an, an die sich in Hamburg ein jüngerer Bruder eines Konabiturienten, Dr. Ollerich, der ohne einen bestimmten Beruf auszuüben sich schon eine Reihe von Jahren mit geographischen Studien beschäftigt hatte, anschloß. Die Seereise endigte in La Coruna, wo uns der Generalsekretär der Königlichen Geographischen Gesellschaft in Madrid, Don Joaquin Ciria y Vinente, in Empfang nahm und der Bürgermeister und der Gouverneur der Stadt uns sehr freundlich bewillkommneten. Noch ein dritter Reisegefährte schloß sich uns dort an: der Professor der Geographie an der Universität Leon, Herr F. Aragon, der schon Seenstudien an Hochseen Galiziens gemacht hatte und sich als sehr angenehmer Reisegeführte erwies. Dann ging die Eisenbahnfahrt durch die Provinz Galizien, diemich lebhaft an manche Gegenden Mittelschottlands erinnerte, über Astorga nach Venevente, von da in eintägiger Wagenfahrt – Auto gab es damals in jenem Teil Spaniens noch nicht – nach Pueblo, dem Hauptort der Landschaft Sanabria, in welcher der obengenannte See liegt. Unterwegs hatten wir Gelegenheit, in Mombuy, ungefähr in der Mitte zwischen Benevente und Pueblo, einen jener uralten spanischen Verkehrsmittelpunkte kennenzulernen, welche in städtearmen Gegenden eine große wirtschaftliche Bedeutung besitzen. An dem mächtigen steinernen Tisch, an welchem wir unser mitgebrachtes Mittagsmahl verzehrten, haben gewiß schon viele Generationen von Reisenden das gleiche getan. In Puebla wurdenwir unter Böllerschüssen und dem Läuten der Glocken von einer Kaoalbade von Wagen und Reitern eingeholt, welche uns feierlich begrüßten. Auch am nächsten Tage mußten wir mittags im Rathaus einen feierlichen Empfang über uns durch die Behörden der Stadt ergehen lassen, sowie abends einen Fackelzug nach dem „Hotel", wo wir Wohnung genommen hatten. Die „städtische Kapelle" spielte zu unseren Ehren lustige und ernste Weisen und es entwickelte sich ein richtiges spanisches Volksfest. Zur Erklärung dieser aus den ersten Blick befremdenden großen Ehren mag die Tatsache dienen, daß Fremde, und nun gar Deutsche, damals in jenen Gegenden Spaniens noch eine außerordentlich seltene Erscheinung waren und sich die Einheimischen sehr geehrt fühlten, daß wir zur Erforschung ihres heimatlichen Sees eine so weite Reise unternommen hatten. In den folgenden vier Wochen, die wir in der Landschaft Sanabria verweilten, konnten wir uns noch oft davon überzeugen. Die Eingesessenen taten alles mögliche, uns den Aufenthalt in dem kleinen Schwefelbad am See, das wir zum Standquartier für unsere Forschungen gewählt hatten, so angenehm wie möglich zu machen. Die kalte Schwefelquelle wurde von den besseren Leuten, die sich das leisten konnten, auch aus weiterer Umgebung sehr fleißig zum kurzen Kuraufenthalt benutzt. Die Einrichtung war natürlich sehr primitiv, aber äußerst sauber und die Verpflegung ließ nichts zu wünschen übrig, dank vor allem der äußerst schmackhaften Forellen aus dem See und dem in ihn fließenden Tera, welche es in allen möglichen Zubereitungen fast täglich gab, uns aber nicht zuwider wurden. Ich habe in der „Deutschen Rundschau für Geographie" im 35. Jahrgang, Heft 11 und 12, unseren Aufenthalt am See und unsere Exkursionen zu den hochgelegenen Gebirgsseen ausführlich beschrieben; die wissenschaftliche Darstellung habe ich, wie gewöhnlich, in Petermanns Mitteilungen niedergelegt. Wir haben in dieser schönen, vom Wetter sehr begünstigten Zeit, die bis ungefähr Mitte September dauerte, einen Einblick in die Seele Spaniens gewonnen, wie sie naturgemäß derjenige,der dieses Land nur aus den vielbekannten Reisestädten des Landes kennt, nicht bekommt. Wir fanden im spanischen Volkscharakter vieleZüge, die den unseren ungemein ähnlich sind und uns sehr sympathisch berührten. Sehr zustatten kam mir der Umstand, daß mein Freund Ollerich der spanischen Sprache, die ich erst mühsam aus meinen Jugenderinnerungen wieder auffrischen mußte, durchaus mächtig war. Nach Benevente zurückgekehrt, besuchten wir noch gemeinsamdas durch Don Quixotes Abenteuer berühmt gewordene, malerisch am Duero gelegene Zamorra und trennten uns in Salamanca , von wo Ollerich über Madrid und Irun direkt nach Hause fuhr, während ich zunächst noch einige Tage in Salamanca blieb undvon dort einen Ausflug nach Nordportugal machte. In Oporto lernte ich einen wundervoll gelegenen Hafenort kennen, dessen Bevölberung allerdings merklich von der sympathischen Bevölkerung Kastiliens abstach. Nachdem ich beinahe fünf Wochen keinen Regentropfen gesehen hatte, mutete mich ein Gewitterregen in Oporto ganz „portugiesisch" an. Die Rückreise nahm ich dann über Salamanca, Medina nach Madrid, wo ich fünf Tage blieb, den Esliorial, Toledo , und natürlich auch ein Stiergefecht besuchte. Ich hatte inzwischen so viel Spanisch wieder gelernt, daß ich mich recht gut zurechtfinden konnte. Über Saragossa, das ich leider nur durchfuhr, ging es dann mit dem Schnellzug nach dem aus den Römerzeiten bekannten Tarragona und am nächsten Tage nach Barcelona. Ist schon der Gegensatz zwischen dieser Stadt und Madrid wegen des Einschlages westeuropöischer Kultur sehr groß, so steigert sich der Gegensatz ins Phantastische, wenn man das Leben und Treiben in Barcelona mit dem am Castañedasee vergleicht. Es ist so, als wenn die beiden Orte in ganz verschiedenen Erdteilen lägen! Zwei Tage widmete ich der imposanten Handelsmetropole Spaniens, dann ging es, da sowohl der Eisenbahnverkehr nach Frankreich wie der reguläre Schiffsverkehr nach Genua infolge von Streik vollkommen gesperrt war, in einer wundervollen Mondnacht auf einem kleinen Segelschiff das mit Weinfässern bis zum Bersten vollgepfropft war, nach Cette in Südfrankreich. Wehe, wenn ein Sturm in dieser Nacht losgebrochen wäre! Unser übervoll geladenes Schiff wäre bestimmt gesunken. Aber die See blieb spiegelglatt die ganze Nacht hindurch. Auf der Fahrt von Cette nach Genf gönnte ich mir noch je einen halben Tag in Arles und Lyon; dann ging es auf wohlbekannten Wegen über Bern, Luzern und Zürich nach dem Bodensee und am 2. Oktober langte ich nach zweimonatlicher Abwesenheit wieder in Jena an, in jeder Weise wohlbefriedigt von meinemAufenthalt in Spanien.Im Wintersemester 1913 war Schultze einem Ruf nach Kiel gefolgt und Herr von Zahn reiste aus München nach, zunächst noch als Extraordinarius, aber schon im Sommersemester 1914 wurde das Extraordinariat der Geographie in ein Ordinariat umgewandelt (siehe Innsbruck).

Um das gleich vorwegzunehmen, eröffnete mir auch von Zahn nicht die geringste Aussicht, mich in Jena habilitieren zu können, da ich sonst einem jungen Manne, den er als Assistenten in seinem Institute notwendig brauchte, im Wege gestanden hätte.an einer größeren Universität und bei persönlicher Freundschaft mit dem Ordinarius hätten sich derartige Schwierigkeiten vielleicht nicht ergeben, wie das Beispiel Marburg und der Fall Lehmann in Leipzig gezeigt haben, aber in Jena waren sie unüberwindlich und ich mußte mich darein ergeben. Ich bemerke bei dieser Gelegenheit, daß Fischer schon im Oktober 1910, also in dem gleichen Jahre, als ich ihn im Frühjahr besucht hatte, den Folgen einer Überanstrengung bei seinen Reisen in Marokko erlag. Sein Nachfolger wurde der Kieler Ozeanograph Krümmel, mit dem mich keine persönlichen Beziehungen verbanden. Es ist daher sehr wahrscheinlich, daß auch dort eine Habilitation wegen meines vorgerückten Lebensalters nicht zu ermöglichengewesen wäre.

Die nächsten beiden Jahre wurden teilweise durch rege literarische Tätigkeit ausgefüllt. Zunächst hatte sich der Xenienverlag in Leipzig bereit erklärt, meine in Zeitungen und Zeitschriften allerArt zerstreuten Schilderungen der vielen Wanderungen in deutschen Landen, welche ich seit meiner Universitätszeit ausgeführt hatte, herauszugeben. Obwohl dieselben nur einen gewissen Teil dieser Wanderungen umfaßten, schwoll das betreffende Buch aus 646 Seiten Großoktav an. Da außerdem noch 31 photographische Abbildungen beigegeben wurden, so war es ja natürlich, daß der Verlag einen Kostenzuschuß verlangte, den ich auch bereitwilligst hergab, da, wenn nur der größere Teil der Auflage verkauft worden wäre, ich durchausauf meine Kosten genommen wäre. Leider stellte sich nachträglich heraus, daß der Verleger ein Betrüger war und nahezu 500 Exemplare des Buches schwarz verkauft hatte, d. h. ohne den mir zugebilligten Prozentsatz gutzuschreiben. Er mußte dann später wegen betrügerischen Bankrotts eine Anzahl Wochen brummen, aber davon hatte ich persönlich nichts. Das Buch wurde von der Haberlandtschen Buchhandlung in Leipzig gekauft, die in kurzer Zeit den gesamten Restbestand schlank verkaufte. Heute ist es eine antiquarische Seltenheit und kaum zu haben. Meine Versuche, eine zweite verbesserte Auflage herauszubringen, scheiterten, teils an den Kriegszeiten und den sich daraus entwickelnden ungünstigen wirtschaftlichen Verhältnissen, teils an dem Umstande, daß das Buch infolge seiner Schreibweise nicht mehr ahtuell war und dem heutigen Zeitgeschmack zum Teil sogar direkt widersprach.

Nach Herausgabe dieses Buches beschäftigten mich beinahe gleichzeitig zwei weitere Veröffentlichungen. Der bekannte Münchener Geograph Sigmund Günther fragte bei mir an, ob ich bereit sei, in den Büchern der Naturwissenschaft, welche in der bekannten Reclamschen Universalbibliothek erschienen, einen Band über „Das Süßwasser der Erde" erscheinen zu lassen und von der Neumannschen Verlagsbuchhandlung in Neudamm wurde ich aufgefordert, das Werkchen Von Max von dem Borne, „Das Wasser für Fischerei und Fischzucht" in einer neuen, den Zeitumständen entsprechenden Auflage– die erste lag über 1 Dutzend Jahre zurück – zu besorgen. Beide Anerbietungen waren mir hochwilllkommen und so benutzte ich die Muße meiner ersten Jenaer Jahre dazu, den ausgesprochenen Wünschen, soweit es in meinen Kräften stand, entgegenzukommen. Im Frühjahr 1914, also noch vor Beginn des Weltskrieges, sind beide Bücher erschienen. Wieweit das zuletzt genannte Heft Nutzen geschaffen hat, entzieht sich meiner Beurteilung, aber von dem Reclamheft weiß ich sicher, daß es in viele Hände gekommen ist und sowohldie Kenntnis des Gegenstandes als auch Anregung in weiteren Kreisen gefördert hat. Gleich nach Pfingsten machte ich in Gesellschaft einer Frau eine sehr hübsche Reise in das östliche Schwabenland, bei welcher Gelegenheit ich auch den im Welzheimer Wald gelegenen Ebnisee kennenlernte, der durch Ausstau der oberhalb entspringenden Wieslauf entstanden ist und weit und breit als einziges offenes Gewässer ein sehr beliebtes Ziel von Wasserfreunden geworden ist.

Für den August–September hatte ich eigentlich eine Wiederholung der spanischen Reise geplant, die sich diesmal auf die nähere Untersuchung der Hochgebirgsseen der Sierra Moncayo und der Sierra Demanda erstrecken und in Valencia enden sollte. Leider wurde aus ihr nichts, da der in Aussicht genommene Reisekamerad plötzlich erkrankte und ich allein diese Tour nicht unternehmen wollte. Stattdessen wählte ich einen längeren Aufenthalt am Millstättersee in Kärnten, den ich aber zusammen mit meiner Frau erst auf grüßeren Umwegen auf einer neuntägigen Reise über den südlichen Bayrischen Wald, die Donau abwärts bis Linz und durcheinen großen Teil Kärntens hindurch erreichte.

Nach vierzehntägigem Aufenthalt daselbst, der Temperaturuntersuchungen im See galt, welche genau gleichzeitig von einem anderen Herrn im Hallstätter See getätigt wurden, um die Einwirkung klimatischer Faktoren auf den Wärmegang im See festzustellen, trennte ich mich in der Station Spittal der Tauernbahn von meiner Frau, die direkt nordwärts heimkehrte, während ich die so mannigfach gearteten Seen der Krain auf einer längeren Exkursion kennenlernte.darunter auch den bekannten Zirknitzer See. Auf der Weiterfahrt nach Triest besuchte ich natürlich auch die Adelsberger Grotte, welche aber aus mich bei weitem nicht den gewaltigen Eindruck machte, wie die Canziangrotten bei Dirača. Von Triest aus unternahm ich, fortgesetzt von herrlichem Herbstwetter begünstigt, eine Seereise an der istrisch-dalmatinischen Küste entlang bis Cattaro, die aber von mehrfachen Abstechern nach verschiedenen Inseln unterbrochen wurde, während die Rückfahrt mit dem Eildampfer direkt nach Triest ausgeführt wurde. In besonders angenehmer Erinnerung steht mir der mehrtägige Aufenthalt auf der Insel Lesina, schon wegen der prächtigen Bäder in dem lauwarmen Wasser der Aidria. Nach siebenwöchentlicher Abwesenheit wurde ich in Jena wieder von meiner Frau begrüßt. An tieferen Eindrücken stand diese Reise hinter der vorjährigen nach Spanien weit zurück, schon deshalb, weil sie in Gegenden führte, die viel mehr vom Fremdenstrom heimgesucht werden, als die Landschaft Sanabria. Daß die dalmatische Küste mit ihren vielen Inseln und teilweise tropischen Vegetation einen Vergleich mit den von mir in Spanien besuchten Gegenden rein landschaftlich sehr wohl aushält, versteht sich. Mehr als 20 Jahre später habe ich in größerer Gesellschaft Dalmatien wieder besucht und auch das Innere des Landes kennengelernt, das zwar landschaftlich hinter der Küste entschieden zurücksteht, dafür aber geographisch und besonders völkerkundlich bedeutend interessanter ist.

In den Herbstmonaten dieses Jahres sprach ich in den Geographischen Gesellschaften von Stettin, Greifswald und Lübecki, von welchen letzteren beiden ich korrespondierendes Mitglied bin, über meine spanische Reise, denen sich im Januar 1914 ein vierter Vortrag über dasselbe Thema in der Dresdener Geographischen Gesellschaft anschloß. Sehr interessante Tage erlebte ich zu Ostern des Jahres anmeinem vielgeliebten Bodensee, wo in Friedrichshafen die diesjährige Versammlung des Oberrheinischen Geologischen Vereins unter sehr starker Beteiligung stattfand. Daran schloß sich ein Ausflug nach Zürich, wo ich der Einweihung des neuen Universitätsgebäudes beiwohnte und meine alten Schweizer Fachgenossen begrüßen konnte. –

In wehmütiger Erinnerung steht mir die Tagung des Deutschen Geographentages, die in jenem Jahre zu Pfingsten in Straßburg stattfand und mit einer mehrtägigen Exbursion in die Hochvogesen schloß. Aus der bekannten Kammwanderung, die von „Weißensee" nach der „Schlucht" führt, fielen uns die zahlreichen französischen Soldaten in ihrer schmucken Jägertracht jenseits der Grenze sehr auf. Wir ahnten freilich nicht, daß dort schon alles sich auf den großen Krieg vorbereitete, der kaum acht

Wochen später begann. Den Schluß der ganzen Tagung bildete eine abendliche Zusammenkunft in Metzeral, unweit Münster, am Fuße des Kleinen Belchen, eine der ganz wenigen Ortschaften des Elsasses, welche schon zu Beginn des Krieges in die Hände der Franzosen fiel und auch während des ganzen Krieges in ihren Händen blieb. Diese Zusammenkunft erreichte ihren Höhepunkt mit einer unvergleichlich schönen Ansprache des neugebackenen, aber altbewährten Ordentlichen Universitätsprofessors Dr. Regel aus Würzburg, früher in Jena. An den Besuch der Straßburger Tagung schloß sich eine 14tägige Reise in die Schweiz an, welche in erster Linie dadurch verursacht wurde, daß mein älterer Bruder seine geschäftliche Tätigkeit in Sachsen ausgegeben und sich mit seiner Familie nach Bern zurückgezogen hatte. Bei dieser Gelegenheit lernte ich außer verschiedenen Städten des schweizerischen Hügellandes, wohin der Allerweltreisende seinen Fuß nicht zu setzen pflegt, auch einen großen Teil des mittleren und südlichen Schweizer Jura, vor allem die durch ihren merkwürdigen Wasserhaushalt Lac Chaillexon und Lac de Jour kennen. An mehreren Bergbesteigungen, z. B. des aussichstsreichen Dent du Baulian (1487 m), konnte sich auch meine Frau mit Erfolg beteiligen. In der französischen Grenzstation Pontarlier, die schon auf französischem Boden liegt, war die Zusammenziehung französischen Militärs noch weit deutlicher zu merken als aus dem Kamm der Vogesen. Wir Ahnungslosen betrachteten sie lediglich vom Standpunkt eines interessierten Reisenden aus, denn daß an einer Grenzstation eine größere Truppenansammlung vorhanden war, fiel uns nicht weiter auf. Ich erwähne diesen Vorfall ausdrückkch, weil er besser wie vieles andere klarlegt, wie ahnungslos wir einem großen Krieg gegenüber waren, in welchen wir nach einem berühmten Worte schon sechs Wochen später „hineingestolpert" sind! Nach den üblichen Aufenthalten in Freiburg und Aschaffenburg zum Besuch alter Freunde kehrten wir am 20. Juni nach Jena zurück. –

Die Tage der Kriegserklärung und alles, was ihnen folgte, erlebte ich hier. Ich erinnere mich noch sehr genau, wie ich im Gegensatz zu meinen hiesigen Bekannten den Mut völlig verlor, als ich hörte, daß auch England sich unseren Feinden angeschlossen hatte. Ich kannte England und die Engländer aus eigener Erfahrung und wußte, was das zu bedeuten hatte. Selbstverständlich beteiligte ich mich sofort an all den verschiedenen Maßregeln, welche die in der Heimat zurückgebliebene Bevölkerung ergriff, um das Los der ins Feld gezogenen Soldaten zu erleichtern. Ich arbeitete mich besonders in die Materie hinein, welche sich mit der Versorgung von Lebensmitteln und anderen notwendigen Dingen für die Zivilbevölkerung befaßte, weil dies ja doch ein wichtiger Faktor für die Erhaltung der Zuversicht in der Front war und hielt darüber mehrfach in Jena und anderen Orten, z. B. in Magdeburg, Neuhaldensleben, Burg und Gera Vorträge. Dem Vortrag in Gera wohnte auch die Fürstin von Reuß bei, die sich sehr anerkennend über ihn äußerte.

Im Frühjahr des nächsten Jahres (1915) bot sich Gelegenheit, eine Untersuchung über die Unterschiede des thermischen Verhaltens künstlicher Talsperren und natürlicher Seen in die Wege zu leiten, welche in dieser Vollständigkeit bisher in der Literatur noch nicht vorhanden war. Es handelte sich um die Klingenberger Talsperre in Sachsen, welche teilweise Dresden mit Trinkwasser versorgte. Dank dem großen Entgegenkommen der Weißeritztalsperrengenossenschaft, welche die nötigen Leute zur Verfügung stellte, konnten trotz des Krieges nach meiner Anordnung zwei volle Fahre hindurch die Temperaturmessungen fortgesetzt werden. Die Resultate der Untersuchungen habe ich im 9. Band der Internationalen Revue für Hydrobiologie und Hydrographie, Leipzig 1920, veröffentlicht. Als ich diese Untersuchungen in Gang gebracht hatte und meine persönliche Anwesenheit an der Talsperre nicht mehr nötig war, stellte ich mich dem Unterrichtsminister zur Verfügung, welcher die im Ruhestand befindlichen Oberlehrer und Professoren, heutzutage Studienrate genannt, aufgefordert hatte, sich zur Vertretung von ins Feld gerückten Kollegen bereitzuhalten. Der Minister schickte mich zur Vertretung an das Königliche Gymnasium nach Friedeberg in der Neumarkt und dadurch hatte ich die erwünschte Gelegenheit, einen mir bisher noch unbekannten Teil Deutschlands kennenzulernen, ein Moment, das für mich sehr in die Waagschale fiel. Im übrigen hat mir der Aufenthalt in der vom großen Verkehr abgelegenen Kleinstadt – früher ging durch ihn die große Heerstraße von Berlin nachdem Osten – in den schönen Sommermonaten recht gut gefallen. Sowohl das Lehrerkollegium wie die Schüler machten auf mich durchweg einen recht erfreulichen Eindrueh. Die weitere Umgebung des Städtchens ist reich an schönen Wäldern und Seen, während die nähere recht einförmig ist; die Stadt selbst macht denselben kümmerlichen Eindruck: wie die Mehrzahl der kleinen ostdeutschen Kolonialstädte, doch sind der Weg um dieselbe entlang der Stadtmauer, ebenso die Anlagen auf dem alten Friedhof nicht übel. Während meines Aufenthalts in Friedeberg machte ich zwei größere Ausflüge, den einen nach der mir bis dahin unbekannten Provinzialhauptstadt Posen, wo ein seenkundlicher Kollege amtierte, den anderen nachdem in Deutschland so wenig bekannten Zwischenstromland zwischen Neiße und Warthe, dem größten Binnendünenland Deutschlands, das zugleich einen seiner größten zusammenhängenden Forsten einschließt. –

Für die Sommerferien hatte ich mir eigentlich die Auslotung des bisher unbekannt gebliebenen Nordteils des Großen Schweriner Sees vorgenommen, wobei mir ein früherer Neuhaldensleber Schüler hilfreich zur Seite stehen sollte. Auf der Reise dahin erhieltich telegraphisch die Nachricht, daß derselbe plötzlich militärisch eingezogen sei und dadurch wurde der schöne Plan zu Wasser. Ich benutzte den Rest der Ferien zu einer 14tägigen Wanderung durch mir bis dahin noch unbekannt gebliebene Teile des Frankenwaldes und des Fichtelgebirges und lernte dabei u. a. den Fichtelseekennen, den letzten Rest einer einst über 2 qkm größeren Wasseransammlung, die viele Jahre hindurch völlig versumpft war, jetzt aber zum Zweck des Holzflößens wieder angestaut wird. Eine Schwimmpartie, die ich in ihm vornahm, hätte bald ein böses Ende nehmen können, denn ich verstrickte mich dabei in die Wurzeln eines in den See gestürzten Baumes und konnte mich eigentlich nur durch einen glücklichen Zufall retten. Mitte August kehrte ich nach Friedebergzurück und nahm meinen Unterricht wieder auf. Während der Zeit bis zu den Herbstferien machte ich noch einen interessanten Ausflug nach dem Gebiet der Drage, die in ihrem untersten Laufe wie ein echter Gebirgsfluß in einem tief eingerissenen Tale sich nicht schnell genug mit der Netze verbinden kann. Die Gegend um einen Weiler,der den schönen Namen Hochzeit führt, ist so wildromantisch, daß man gar nicht auf den Gedanken kommt, hier an der Grenze der Provinzen Brandenburg und Westpreußen zu sein! –

Fast an jedem Sonntag machte ich mit einer gehfreudigen und gehfähigen Abteilung der höheren Klassen kürzere und längere Wanderungen in die Umgebung der Stadt, die mit Abkochen u. dgl. natürlich verbunden waren. Von Teilnehmern dieser Wanderschar habe ich noch später in dankbarer Erinnerung an genossene schöne Stunden häufig Karten erhalten. Die Herbstferien brachte ich in Jena zu, wo inzwischen meine Frau in großer Sorge um das Leben ihrer bei uns zu Besuch weilenden Mutter war. Da jedoch der Arzt erklärte, daß von Lebensgefahr keine Rede sei, so reiste ich zu Beginn des Winterhalbjahres wieder nach Friedeberg zurück. Schon am nächsten Tage meldete der Telegraph den Tod meiner Schwiegermutter und ich fuhr eilends, nachdem ich gerade noch zwei Stunden am Vormittag unterrichtet hatte, nach Jena zurück. An eine Wiederaufnahme des Unterrichts in Friedeberg war unter diesen Umständen nicht zu den-

ken, denn da der einzige Sohn meiner Schwiegermutter fern in-
Saarbrücken unabkömmlich war, mußte ich natürlich meiner
Frau in den schweren Tagen nach dem Tode zur Seite stehen und
die Hinterlassenschaft ordnen. Zu Beginn des Schuljahres Ostern
1916 übernahm ich auf Wunsch der Stadt Jena eine Anzahl Stunden in der Mathematik und Geographie an dem Jenaer Mädchen-
lyzeum, dasmit einem Realgymnasium verbunden war. Während
der Unterricht in der Prima des Realgymnasiums, deren Schülerinnen ungefähr im Alter von 17 bis 19 Jahren standen, mir große
Freude bereitete und entsprechend erfolgreich war, war bei den
Schülerinnen des Lyzeums, die im Alter von 12 bis 14 Jahren
standen, durchaus das Gegenteil der Fall Ich gab daher den letzteren Unterricht mit dem Schluß des Sommerhalbjahres wieder
auf, behielt jedoch den geographischen Unterricht in der Prima
bis zum Schluß des Jahres bei. In den Sommerferien hielt ich
mich mit meiner Frau drei Wochen im Altmühltal aus, wo wir im
kleinen Ort Kipfenberg unser Hauptquartier aufschlugen. Die
Gegend um denselben gehört zu den waldreichsten Deutschlands
und wir machten jeden Tag Ausflüge nach allen Richtungen.
Abends aber stürzte ich mich regelmäßig in die kühlen Fluten der
klaren Altmühl. Eine große Zahl französischer Kriegsgefangener
half den Leuten bei ihrer Feldarbeit und lebte mit ihnen im besten Einvernehmen. Über ihren Fleiß bei der Arbeit war nur eine
Stimme des Leibes; allerdings stammten sie sämtlich aus einer
rein bäuerlichen Gegend der oberen Loire.

Zu Beginn des Jahres 1917 folgte ich einer Aufforderung, einen Kollegen am Gymnasium in Friedland in Mecklenburg zu
vertreten, der ich schon aus dem rein egoistischen Grunde gerne
folgte, weil dort die Ernährungsverhältnisse ungleich günstiger
als in Jena waren. –

Das Gymnasium in Friedland gehört zu den ältesten-
Deutschlands, denn es ist schon im 14. Jahrhundert gegründet.
Seit über 300 Jahren befand es sich in einem und demselben Ge-

bäude, das natürlich inzwischen ziemlich baufällig geworden war, aber recht gemütliche, wenn auch reichlich dunkle Lehrzimmer hatte. In der Aula hing das in Öl gemalte Bild Fritz Reuters, der in seiner Jugend mehrere Jahre hindurch die Bänke des Gymnasiums gedrückt hatte. Die Schülerzahl, die schon sowieso weit hinter derjenigen der preußischen und pommerschen Nachbarstaaten zurückgeblieben war, war während meiner Anwesenheit auf etwa 60 gesunken. In der Prima und Obersekunda saßen je nur 3 Schüler, der Unterricht in diesen Klassen war also der reine Privatunterricht und der Lehrer konnte sich von den Leistungen seiner Schüler ein sehr genaues Bild verschaffen. Mit Erlaubnis des Direktors kürzte ich die Unterrichtsstunden etwas ab, sie wären sonst für beide Teile unerträglich lang geworden!

Kulturell war die Stadt Friedland Friesdeberg kaum überlegen, wirtschaftlich aber bedeutend, denn abgesehen davon, daß sie über einen reichen Grundbesitz verfügte, war ihre Umgebung im Durchschnitt bedeutend fruchtbarer. Besonders wohltuend empfand ich die Gemütlichüeit ihrer Bewohner, die freilich auch ihre Schattenseiten hatte, wir waren ja in „Mecklenbörg". – Besonders gemütlich ging es bei den Dämmerschoppen zu, zu denen ich mich regelmäßig zweimal in der Woche einfand. Ein biederer pensionierter Elementarlehrer führte das große Wort, aber nur dann, wenn ein häufiger Gast vom Lande, ein Förster aus der Umgegend, nicht gerade da war. War dies aber der Fall, dann war es mit seiner Herrschaft aus, denn die übte dann unbeschränkt dieser Förster aus, ein „Unkel Bräsig" wie aus dem Buch geschnitten! So viel natürlichen Humor und Mutterwitz habe ich selten beisammen gesehen. Natürlich brachte er auch einen Dackel mit, der von der Tafelrunde allgemein den Namen „Tante" erhalten hatte, obwohl er männlichen Geschlechts war. Erging man sich Nachmittags „ums Tor herum" aus dem mit herrlichen alten Eichen bestandenen Doppelwall, der um die ganze Stadt herumführte und zwischen dem ein tiefer Graben

100

lief, so hob sich eine so malerische Silhouette des Städtchens mit seinen alten Toren, dem mächtig in die Höhe strebenden Turm der Hauptkirche und den alten Giebelhäusern von der Schneelandschaft ab, daß man sich leicht in ein fränkisches oder schwäbisches Städtchen versetzt fühlen konnte. Nimmt man noch den Umstand hinzu, daß die materiellen Verhältnisse in dem sonst allgemein als „Kohlrübenwinter" verschrienen Februar und März 1917 äußerst günstig waren, so kann man sich wohl vorstellen, daß ich mich in Friedland äußerlich ganz behaglich fühlte, zumal, wie schon oben angedeutet, dieser Winter dort den Charakter eines echten Winters trug. Mit Bedauern hörte ich aus den Briefen meiner Frau heraus, daß die Ernährungsverhältnisse in Jena in derselben Zeit recht trübe waren und ich beschloß schon damals, sie mit mir zunehmen, falls mich mein Weg noch einmal zur Winterszeit hierherführen sollte. Das ist denn auch tatsächlich im nächsten Winter geschehen. Längere Zeit hier aber zu verweilen, stand schon deswegen nicht nach meinem Sinn, weil die geistige Anregung, die man etwa durch das Gymnasium hätte erhalten können, gleich Null war und die Umgebung im Sommer durchaus nicht zu größeren Ausflügen einlud.

So fuhr ich denn mit dem Schluß des Winterhalbjahres, nachdem meine drei Primaner das Abitur gemacht hatten, wieder nach Jena zurück; und rüstete mich bald zu einer Reise nach Bern. Ich hatte nämlich schon in Friedland die Trauerbotschaft erhalten, daß mein dort lebender Bruder verstorben sei, und da er mich zum Testamentsvollstrecker ernannt hatte, so war mein längerer Aufenthalt in Bern notwendig. Da ich bei der zuständigen Behörde angegeben hatte, daß ich wegen vorgerückten Alters die Reise nicht allein machen hönnte, so durfte ich meine Frau mitnehmen, worüber sie natürlich sehr erfreut war. Der Dampfer, der uns am 23. April über den Bodensee von Lindau nach Romanshorn führte, hatte kaum Passagiere, denn der Zugang vom Ausland war im Kriege natürlich sehr erschwert. Was uns beiden in Bern am meisten sofort auffiel, war die Gelegenheit, sich in den Läden alles zu kaufen, was das Herz und namentlich der Magen begehrte, von der wir selbstverständlich möglichst Gebrauch machten. Nachdem wir noch mehrere Ausflüge in den Jura und in das nächstgelegene Berner Oberland gemacht hatten, ging es Mitte Mai von Bern nach dem Vierwaldstätter See fort. Dort hatte in der Nähe von Hertenstein, ein limnologischer Freund eine biologische Station errichtet und deshalb wählten wir diesen Ort zum Mittelnunkt unserer Ausflüge am See. Wieder ging es dann über den Bodensee zurück, wo der Verkehr noch gerade so tot war wie vor einem Monat, und Ende Mai trafen wir wieder in Jena ein. Als Kuriosum möchte ich noch bemerken, daß wir auf dem Bodenseeschiff, das ein schweizerisches war, von dem Beamten befragt wurden,ob wir auch Lebensmittel aus der Schweiz mitgenommen hätten. Als wir auf den Kuchen hinwiesen, den wir in der Hand hatten, riet er uns dringend, ihn noch während der Seefahrt aufzuessen, weil wir sonst bei der Landung in Lindau große Unannehmlichkeiten davontragen würden! Wir befolgten diesen Rat jedoch nur teilweise, weil wir sonst den Magen erheblich überladen hätten, und verstanden es, bei der Ankunft in Lindau den Rest sorgfältig vor den Augen der Zöllner zu verbergen!

Mein Amt als Distriktsvorsteher für die Verteilung von Karten für Lebensmittel aller Art und Kohlen füllte meine Zeit nicht genügend aus und daher beschloß ich, im August wieder eine auswärtige Vertretung zu übernehmen, und zwar diesmal nach Kolmar in Posen, das ja damals noch zu Deutschland gehörte. Ich amtete dort an einer Realschule, die verhältnismäßig noch ganz gut besucht war. Ich hatte zwar ziemlich viel Unterricht zu geben, doch da ja eine Vorbereitung meinerseits nicht nötig war, so blieb Zeit genug übrig, sich mit der überraschend schönen Umgebung des Städtchens, das selbst ziemlich reizlos war, bekanntzumachen. Es liegt am Nordrande einer sehr großen herrschaftlichen Waldung, durch die sich eine gewaltige Endmoräne hindurchzieht, wodurch die Landschaft, wenigstens stellenweise, geradezu den Charakter einer Gebirgslandschaft erhält. Da ich von der Gutsherrschaft einen besonderen Erlaubnisschein erhalten hatte, konnte ich die herrlichen Waldungen, die bald nach der Einverleibung an Polen schonungslos rasiert wurden, nach allen Richtungen durchstreifen.

Die Ernährungsverhältnisse waren freilich bedeutend besser als in Jena, reichten jedoch an diejenigen von Friedland nicht heran; die in jenem Sommer sehr reichlich gewachsenen Steinpilze ergänzten die häuslichen Vorräte der Familie, in der ich Wohnung genommen hatte, auf das erfreulichste.

Am Schluß des Sommerhalbjahres ging es über Posen, Bentschen, Guben, Kottbus, Torgau, Halle wieder nach Jena. Die Folgen des Krieges machten sich unterwegs schon weit mehr geltend, als bei meiner Rückreise vor zwei Jahren aus Friedeberg!

Ich hatte mich aus Aufforderung bei der Zivilabteilung des Kriegskommandos in Flandern zur Dienstleistung in wasserwirtschaftlichen Fragen angeboten, erhielt aber die Nachricht, daß der Bedarf zur Zeit gedeckt sei und fuhr daher anfangs 1918, diesmal von meiner Frau begleitet, nochmals nach Friedland, um dort zum zweiten Male die Primaner zum Abitur in der Mathematik und Physik; vorzubereiten und sonstigen Unterricht zu übernehmen. Bis auf das gegenüber dem Vorjahr erheblich mildere Wetter hatten sich die Verhältnisse dort nur wenig geändert und es gab, mit Jena verglichen, noch immer Lebensmittel in Hülle und Fülle. Natürlich wurden auch dort Lebensmittelkarten aller Art verteilt, aber sie spielten keine erhebliche Rolle, man erhielt auch so das, was man brauchte. Meine geistige Erholung schöpfte ich aus der Vorbereitung zu der Neubearbeitung des Meyerschen Lexikons in einer Reihe von Artikeln, welche die Geographie betrafen. Unvergeßlich wird mir der Anblick des

Fahnenschmucks in der Stadt Anklam in Pommern sein, die ich Ende März aus der Rückreise von Friedland nach Stettin berührte, um einen Tempelburger guten Bekannten aufzusuchen. Es war gerade die Zeit unserer Frühjahrsoffensive im Westen und wir lebten der Hoffnung, daß durch sie der Krieg ein baldiges, günstiges Ende für uns nehmen würde. Wie wurden wir jammervoll enttäuscht! Eine Woche brachten wir noch in unserem lieben Tempelburg und Umgebung zu, dann erreichten wir am 1. April wieder Jena. – Unsere frohe Hoffnung aus einen günstigen Frieden war inzwischen schon längst geschwunden.

Ich hatte mich während des Sommers dieses Jahres über verschiedene Dinge, deren Aufzählung nicht hierher gehört, ziemlich stark geärgert, so daß ich aus eine Anzeige in der „Hildburghauser Dorfzeitung", welche den Verkauf eines Hauses in Schleusingen betraf, dorthin reiste, um mir das Haus anzusehen, es eventuell zu kaufen und meinen dauernden Aufenthalt dahin zu verlegen. Das Haus gefiel mir sehr gut; es war erst vor wenigen Jahren erbaut worden und in bestem Zustande. Ein großer Obstgarten. der an einen rauschenden Bach grenzte, umgab es, die Zahlungsbedingungen waren günstig und die hochgelegene Umgegend gefiel mir sehr gut. Ende Mai fuhr ich mit meiner Frau noch einmal hin; da ihr das Grundstück gleichfalls sehr gut gefiel, wurde der Verkauf notariell festgemacht. Meine Frau fuhr gleich nach Jena zurück, während ich selbst in sehr froher Stimmung noch einen längeren Ausflug in die Rhön machte. –

Ich habe das Grundstück schon nach einem Jahr an meinen Mieter wieder verkauft. nachdem sich sowohl der Ärger gelegt hatte als auch die Einsicht gehommen war, daß ich auf die Dauer es unmöglich in einem so abgelegenen Orte wie Schleusingen. möge er auch noch so große landschaftliche Reize besitzen, ausgehalten hätte. Zu Beginn des Wintersemesters folgte ich einem dringenden Rufe des Direktors der Realschule in Elmshorn, um noch einmal und zum letzten Male eine Vertretung während des Krieges zu übernehmen.

Die Realschule, an der ich unterrichten sollte, zählte ungefähr 500 Schüler, war also bedeutend größer als diejenigen, an denen ich bisher Vertretung geleistet hatte. Die Schüler hatten zumeist eine recht gute Auffassungsgabe, zeigten aber um so weniger Eifer, je mehr sich der Krieg seinem schrecklichen Ende näherte, was man ja schließlich auch begreifen kann. Der Unterricht bereitete mir daher auch nur wenig Freude, mit Ausnahme desjenigen in der Physik, für welche die Anstalt eine verhältnismäßig sehr gute Sammlung von Apparaten besaß. Die Stimmung unter den Lehrern war sehr geteilt, ein Teil von ihnen sympathisierte offen oder versteckt mit den Roten, denen ja vom 9. November ab die Herrschaft im Reiche zugefallen war. Als ein Teil der berüchtigten Matrosensippschaft, die von Kiel aus unserer ruhmreichen Armee in den Rücken fiel, auch in Elmshorn seine Herrschaft ausrichten wollte unter Zustimmung seines Teiles der Lehrerschaft und auch einiger erwachsener Schüler kamen sie aber an den Unrechten. Der Bürgermeister organisierte sofort eine national gesinnte Bürgerwehr, rüstete sie mit Maschinengewehren, die er Gott weiß woher requiriert hatte, aus und drohte, jeden roten Matrosen, der in Elmshorn etwa aus dem Zug aussteigenwollte, zu erschießen. Das half! Und Elmshorn blieb, leider als einsame Oase in Holstein, von der roten Flut befreit! –

Daß unter solchen Umständen der Unterricht an der Schule kaum noch Zweck; hatte, liegt auf der Hand; im Konferenszimmer kam es oft zu lauten und heftigen Debatten, die sich bis weit in die Zeit ausdehnten, in der eigentlich unterrichtet werden sollte. Schon am 17. Dezember begannen die sogenannten Weihnachtsferien und damit hatte meine achtwöchentliche Tätigkeit an der Schule ihr Ende erreicht. Das einzig wirklich erfreuliche Moment in unserem Elsmhorner Aufenthalt war unsere höchst angenehme Wohnung in einem von einem großen Garten umgebenen Heim, weit draußen vor der Stadt, in der sogenannten „Augenweide". Meine Frau war jeden Tag froh, wenn ich unangefochten von der Schule zu Hause eintraf. –

Einen äußerst traurigen Anblick erlebten wir auf der Rückreise in Magdeburg, als wir von der Wohnung einer Verwandten meiner Frau aus dem Breiten Weg das kümmerliche Häuflein Soldaten ansahen, das da aus dem Felde in der Heimat eintraf! Nie werde ich diesen furchtbaren Anblick: wieder vergessen. Es war eine Art Vorgeschmach der Kriegsgreuel, die ich ja aus eigener Anschauung nicht kennengelernt hatte.

Wieder nach Jena zurückgekehrt, widmete ich mich in Wahlversammlungen an verschiedenen Orten unseres Wahlkreises der politischen Aufweckung seiner Bevölkerung, die durch das traurige Ende des Krieges völlig kopflos gemacht war und schon damals im Begriff stand, sich der roten Partei in die Arme zu werfen, was sie ja leider in den folgenden Jahren zum großen Teil auch wirklich getan hat.

Ende April begleitete ich meine Frau, der eine Erholung sehr nötig tat, nach dem Sanatorium von Dr. Strünckmann, der es inzwischen nach Stokenderg an der Bahnlinie Fulda-Hsanau verlegthatte. – Dort verlebten wir auch den schwärzesten Tag der deutschen Geschichte, den Schandfrieden von Versailles, den niemand im Volke erwartet hatte. Jetzt war unser Schicksal aus absehbare Zeit besiegeltn und eine Epoche unserer Geschichte begann, viel trüber, als zu Napoleon Bonsapartes Zeiten. Sie klärte sich etwas auf, als es Stresemann gelungen war, die Okkupation des Rheinlandes einige Jahre früher als ursprünglich festgesetzt war zu beenden, wurde aber erst endgültig verscheucht, als Adolf Hitler das Ruder der Regierung ergriff und endlich den Wiederaufstieg des Deutschen Reiches nach langer Schmach wieder ermöglichte.

Während meine Frau ihre Kur im Sanatorium fortsetzte, machte ich eine vierzehntägige Rundtour durch das in Mitteldeutschland wenig, in Ost- und Norddeutschland ganz unbekannte Vogelsgebirge, wobei ich das Lehrerheim unweit Schotten als Ausgangspunkt meiner Wanderungen wählte. Natürlich lenkte ich auch bei dieser Gelegenheit meine Aufmerksamkeit auf das Seephänomen und traf bei Gedern einen mir bis dahin gänzlich unbekannt gebliebenen interessanten kleinen See an, über dessen Entstehung die Gelehrten auch heute noch nicht einig sind. Die Verpflegung war, der Zeit entsprechend, meist eine dürftige; häufig gab es nur in einem bestimmten Wirtshaus etwas zu essen und man mußte in einem anderen sein Nachtlager aufschlagen. – Wundervoll ist der sogenannte „Oberwald", ein Buchenwald um die höchste Erhebung des Vogelsberges,den Taufstein, herum, der gerade in jungem Grün prangte (Mitte Mai). Nachdem ich meine Frau in Soden abgeholt hatte, trafen wir Ende Mai wieder in Jena ein.

Im August des Jahres nahmen meine Frau und ich gelegentlich einer Hochzeitsfeier in Dresden einen längeren Aufenthalt in der sächsischen Oberlausitz, die wir gründlich kennenlernten und bis Görlitz ausdehnten. Gelegentlich derselben besuchte ich auch die berühmte Gemeinde in Herrnhut, die auf mich einen tiefen Eindruck machte. Leider verlor ich in Oybin, wo wir längere Zeit weilten, plötzlich den Gebrauch meines rechten Auges durch einen Bluterguß in die macula lutea desselben. Ich muß mich seitdem mit meinem linken Auge begnügen, das abgesehen von seiner Altersweitsichtigkeit aber noch sehr gut seine Funktionen ausübt.

IX. Jena II

(1920 bis 1936)

Im Jahre 1920 begann ich eine letzte Reihe selbständiger Ver.
öffentlichungen auf dem Gebiet der Seen und Gewässerkunde.
Sie begann 1920 mit einer Arbeit über „Die Methoden der Seen-
forschung", die im Handbuch der biologischen Arbeitsmethoden,
herausgegeben von dem bekannten Physiologen Abderhalden an
der; Universität Halle, erschien; ihr folgten im gleichen Jahre
„Die Grundlagen der Wasserwirtschaft" im Verlage von Gebrü-
der Bornträger in Berlin. Im gleichen Verlag erschienen drei.
Jahre später die „Grundzüge einer vergleichenden Seenkunde",
während schon ein Jahr früher als Ergänzungsheft Nr. 185 zu
Petermanns Geographischen Mitteilungen „Die Seen der Erde"
bei Justus Perthes in Gotha herauskamen.

Die „Grundzüge einer vergleichenden Seenkunde" konnte ich
wenigstens teilweise im Abschnitt II Bd. 7 des von Gutenberg
herausgegebenen „Handbuch der Geophysik" 1933 ergänzen; es
liegt aber in der Natur der Sache, daß solche Handbücher, namentlich in einer Zeitperiode schnellen Fortschreitens in einer
bestimmten Wissenschaft, ziemlich schnell veralten, und diesem
Schicksal sind auch die „Grundzüge" unterworfen gewesen. Immerhin sind sie trotzdem zeitlich noch immer der letzte derartige
Versuch geblieben, dem m. W. in keinem Lande irgendein neue-
rer gefolgt ist, und deshalb werden sie noch immer regelmäßig in
neueren Arbeiten, welche sich mit der Physiographie der Seen
beschäftigten, und sogar in solchen, die überragend sich auf biologische Fragen beziehen, die absichtlich in jener nur sehr kurz

behandelt wurden, zitiert; ein Beweis daß sie, faute de mieux, noch immer einen gewissen Wert besitzen.

Eine größere Bedeutung lege ich meinen „Seen der Erde" bei. Wenn die Zusammenstellung auch nur diejenigen Seen umfaßt, die eine Größe von 1 qkm überschreiten, kleinere nur in Ausnahmefällen, namentlich, wenn sie eine Tiefe von über 30 m besitzen, und selbstverständlich seit der jetzt 14 Jahre zurückliegenden Ausgabe des Buches eine größere Zahl von Seen näher bekanntgeworden sind, welche damals noch nicht aufgenommen werden konnten, Ergänzungen also fortlaufend nötig sind, so billdet sie doch m. E. noch eine sichere Grundlage, aus der nach und nach weitergebaut werden kann. Ich bin persönlich davon überzeugt, daß sie noch für viele Jahre ihren Wert behalten wird, bis einmal in vorläufig noch ferner Zeit ein umfassenderer thesaurus lacuum orbis terrarum erscheinen kann.

Die angestrengte geistige Tätigkeit, der ich mich in diesen Jahren hingab, wurde oft angenehm unterbrochen durch größere und kleinere Reisen, die ich dank meiner mir noch immer erhalten gebliebenen ungewöhnlichen Gehfähigkeit auch weite Strecken zu Fuß zurücklegen konnte. Die Fußwanderung, das hat schon mein alter Lehrmeister in der „Naturgeschichte des Volkes", Wilhelm von Riehl, oft hervorgehoben, vermittelt eine viel eingehendere Kenntnis von Land und Leuten einer bestimmten Landschaft, als die künstliche Fortbewegung mit der Eisenbahn oder neuerdings mit dem Auto. Ganz abgesehen davon, daß man auf Schusters Rappen in die verborgensten Tiefen einer Landschaft vordringen kann, wohin uns die Eisenbahn und das Auto hinzuführen nicht in der Lage sind, sieht man, auch wenn man mit Auto fährt, in höherem Maße natürlich, wenn man die Eisenbahn benutzt, vorzugsweise einförmigere Gegenden, die dem durchgehenden Verkehr geringere Schwierigkeiten bieten, als andere. Z.B. hat derjenige, der mit der Bahn oder dem Auto Berlin in irgendeiner Richtung verläßt, gar keine Ahnung davon, welche Reize auch in der Mark Brandenburg vorhanden sind, die, ‚abseits vom Wege" liegen. Wie hier in der Ebene, so ist es ähnlich in gebirgigen Gegenden. Es bedarf wohl kaum der Erwähnung, daß auch derjenige, der ein bestimmtes Land näher kennenlernen will, sich auch häufig der Bahn und des Autos bedienen wird resp. muß, um überhaupt vorwärts zu kommen. Schon der Drang nach Abwechselung führt von selbst dazu. Nach denselben Maximen habe auch ich auf meinen größeren Wanderungen gehandelt. –

Aber nun noch ein Zweites. Man will unterwegs nicht bloß das Land, sondern auch die Leute kennenlernen, die in ihm wohnen. Um dies zu erreichen, kommt aber erst recht die Fußwanderung in Betracht. Mit der Bevölkerung kommt man ganz anders in enge Berührung, wenn man zu Fuß geht, als wenn man mit der Bahn oder dem Wagen fährt. Besonders die leisen Veränderungen im Charakter der Bewohner, der Bestellung ihrer Felder, der Bauart ihrer Häusertreten viel deutlicher ins Bewußtsein, wenn man langsam durch sie hindurch wandert und sich von einer Landschaft in eine andere begibt.

Die erste meiner größeren Wanderungen, die ich in diesem Jahre machte, bewegte sich in der Richtung nach Stuttgart, über Katzhütte, Eisfeld, Rodach, Heldburg, Hofheim, Schonungen, dann dem Main entlang nach Schweinfurt. Als ich hier im Wirtshaus im schönsten Schlummer lag, wurde ich mitten in der Nacht durch heftiges Pochen an der Tür geweckt und als ich öffnete, stand ein Gendarm vor der Tür und fragte in ziemlich barschem Tone nach meinen Papieren. Man muß sich erinnern, daß wir erst seit 1½ Jahren Frieden hatten und manch zweifelhaftes Volk durch die Lande strich. Glücklicherweise hatte ich alles bei mir und konnte die Obrigkeit beruhigen. Ich benutzte nun eine Strecke weit die Eisenbahn und fuhr über Würzburg nach Mergentheim. Dann ging es aber wieder auf Schusters Rappen zwei Tage lang durch die mir aus früheren Wanderungen so wohl vertraute Gegend am unteren Kocher und Jagst, wobei ich aber manche Punkte berührte, die ich bisher noch nicht kannte, nach Heilbronn und weiter wieder zu Fuß den Neckar hinaus nach der herrlichen alten Stadt Lauffen. Während zweier Wochen schlug ich mein Standquartier in Brackenheim aus, dem Hauptort des von Fremden noch immer wenig besuchten, aber sehr anmutigen Stroh- und Zabergaues, das ich nach allen Richtungen hin durchstreifte. Ich dehnte meine Streifzüge östlich über den Neckar hinaus bis in die schöne Gegend von Beilstein und Wunnenstein, beide wohlbekannt aus den Balladen Uhlands. Auch in Brackenheim machte ich unfreiwillig die Bekanntschaft des Polizeigewaltigen, der mich argwöhnisch nach dem Wie und Warum meines dortigen Aufenthalts inquirierte. Ja ja, die Jahre unmittelbar nach dem Ende des Krieges waren für einen einfachen Wandersmann manchmal nicht ungefährlich! Mit der Bahn ging es dann auf einigen Umwegen nach Jena zurück.

Gelegentlich der Hauptversammlung des VDA. in Marburg machte ich eine längere Fußwanderung durch die Heimat der berühmten Schwälmer Trachten in Hessen und im Anschluß daran durch das kleine, aber recht abwechslungsreiche Knüllgebirge, das ich bis Rotenburg an der Fulda durchquerte. Von den vielen Orten gleichen Namens unterscheidet sich dies dadurch, daß hier ein Hohenlohesches Schloß steht, in welchem der Fürst Chlodwig, einer der Nachfolger Bismarcks im Kanzleramte, das Licht der Welt erblichte. –Im Frühherbst des Jahres bot ein mehrewöchentlicher Aufenthalt bei dem Pfarrer des abgelegenen Dörfchens Frössen im Vogtlande willkommene Gelegenheit, über eine recht bedenkliche Lebensmittelknappheit in Jena hinwegzukommen. Wir lernten bei dieser Gelegenheit auch einige weniger bekannte Teile des nördlichen Frankenwalldes trennen. Meine Frau konnte mich auf diesen Wanderungen glücklicherweise mühelos begleiten. Anfang April des nächsten Jahres 1921 hatte ich mehrere Tage in Gotha zu tun, um bei Justus Perthes dem Manuskript meines Buches „Die Seen der Erde" die letzte Ölung zu geben. Ich benutzte die Gelegenheit zu einer längeren genußreichen Wanderung durch den selten besuchten „Hainich" und das Werratal bis zur vielgenannten Burg Hanstein und de Kaufunger Wald. Auch hier machte ich limnologische Entdeckungen.

Den Juli über hatten wir sehr interessanten Besuch von nordischen Gästen. Die weithin bekannten Jenaer Ferienkurse übten namentlich auf das Ausland einen großen Reiz aus und wir hatten uns erboten, einige der Kursteilnehmer auf einige Wochen bei uns aufzunehmen. Es waren junge Leute aus Schweden, Norwegen und Finnland, die sich bei uns zusammenfanden, und es war ganz selbstverständlich, daß sie sich am besten in der deutschen Sprache verständigten. Einer derselben, der später noch mehrfach wiederkam, wurde unser wahrer Freund. Wir haben ihn in seiner norwegischen Heimat mehrfach bestict. Es war eine schöne, aber namentlich für meine Frau, recht anstrengende Zeit. Sie begleitete daher Mitte August ihre Mutter in ein Bad, während ich mich wieder auf die Strümpfe machte. Meine Reise sollte diesmal auch teilweise fachwissenschaftlichen Zwecken dienen; ich schichte daher meine Instrumente mit der Bahn nach Ondors im Chiemgau voraus und fuhr mit der Bahn Mitte August über den Thüringer Wald zunächst nach Kronach und von dort zu Fuß über Kulmbach nach Bayreuth, wo ich im Hause eines Straßburger Universitätsfreundes schon mehrfach eine angenehme Bleibe gefunden hatte. Bis Neuhaus im Pegnitztal benutzte ich am folgenden Tage die Bahn, dann ging es aber wieder auf Schusters Rappen über Sulzbach nach Amberg und weiter nach Kallmünz in überraschend schöner Lage an der Naab, die ich bis Regensburg hinabzog. Das Naabtal entsprach weiterhin nicht den Erwartungen, die Kallmünz in mir hervorgerufen hatte. –

Von Regensburg fuhr ich mit der Bahn über Landshut, Neumarkt, Mühldorf nach dem mit wohlbekannten Wasserburg, welche Stadt ich bei weitem für die am meisten typische Innstadt in deutschen Landen halte. Hier setzte wieder meine Fußreise an, die über das passionsspielbekannte Endorf zum Hemhos führte, wo ich verabredetermaßen den jungen Endrös traf, den Sohn meinesalten Seenfreundes Prof. Endrös in München. Er sollte mich beider Auslotung der interessanten Seenkette, welche nordwestlich vom Chiemsee liegt und zur Eiszeit jedenfalls mit ihm zusammenhing, unterstützen, was er auch redlich getan hat. – Nach einer Woche trennten wir uns, ich fuhr mit der Bahn über Traunstein nach Ruhpolding, meinem Standort zur Untersuchung der Seen, welche im oberen Teil der Roten Traun, nahe der österreichischen Grenze, liegen. – Die Gegend, die noch nicht zu den von Touristen überlaufenen Oberbayerns gehört, bot auch landschaftlich und volkskundlich allerlei Interessantes. Dann ging es zurück nach Traunstein und mit einer Kleinbahn nach Waging, einer echten altbayrischen Landstadt, nahe dem ziemlich großen See gleichen Namens. Aber nicht diesem See galt meine Unternehmung, sondern dem von dem großen Verkehr sehr abgelegenen Abtsdorfer See, dessen nächste Bahnstation Lauffen an der Salzach ist, wo inzwischen meine Instrumente eingetroffen und von einem Fuhrmann nach diesem Seeverladen waren, wo wir uns höchst vergnügt wiedersahen. Die nächste Umgebung dieses interessanten Sees ist reizlos, aber ganz einzigartig schön war der Sonnenuntergang an jenem Septemberabend mit den Reichenhaller und Salzburger Alpen im Hintergrund. Eine solche Farbenpracht habe ich noch niemals an der Oberfläche eines Sees beobachten kännen. Mit dem Erfolg meiner Exkursion im höchsten Maße zufrieden, fuhr ich über München heim, nicht aber ohne zuvor meinem geliebten Thierhaupten einen Besuch abgestattet zu haben. Beinahe sechs Wochen war ich unterwegs gewesen, Nr. 185 zu Petermanns Geographischen Mitteilungen „Die Seen der Erde" bei Justus Perthes in Gotha herauskamen.

Im nächsten Jahr 1922 lag mein Ziel zunächst in einer entgegengesetzten Richtung. Den größten Teil des Monats Mai suchte ich wieder einmal mit meiner Frau die Altmark aus und ihren Mittel punkt, das liebe, alte Arendsee, das ich zwanzig Jahre nicht gesehen hatte. Dort hatte sich manches verändert. Eine neue Eisenbahn von Salzwedel nach Wittenberge berührte jetzt das Städtchen und brachte an schönen Sommertagen eine Menge Badegäste an den Sees der seine idyllische Ruhe vollständig eingebüßt hatte. Ich war sehr froh, daß zur Zeit meiner Entdeckungsfahrten auf und an dem Seeich von einem solchen Trubel verschont geblieben war.– Nach einem Besuch in Hamburg und Umgegend bei Bekannten und Verwandten brachte ich noch einige Tage mit meiner Frau in Wilsede, dem Mittelpunkt des damals noch neuen Naturschutzparkes in der Lüneburger Heide, zu und dann ging es wieder einmal auf bei mir unvermeidlichen Umwegen Jena zu, das uns wegen der kolossalen Hitze, die hier herrschte, anfangs gar nicht gefallen wollte. –

Im Juli kamen wieder unsere lieben Ferienkursisten zu uns, darunter auch unser alter Freund aus Norwegen, zu dem sich ein Herr und eine Dame aus Dänemark gesellt hatten. Eine Dame aus Holland mußten wir abweisen, weil wir keinen Platz mehr hatten, aber sie kam häufig abends zu uns, uns durch ihren hübschen Gesang erfreuend. Das waren lustige, aber wiederum auch sehr anstrengende Tage, besonders für meine Frau, namentlich in Anbetracht der nur engen Wohnung, die uns zur Verfügung stand. Schließlich waren wir beide froh, daß diese Zeit wieder vorüber war und wir begaben uns wieder auf Reisen. Meine Frau vereinigte sich wieder mit ihrer Mutter zu einem Badeaufenthalt und wir verabredeten eine Zusammenbunft Anfang September in Ruhpolding. Ich selbst aber hatte mir den Neusiedlersee an der Grenze von Österreich und Ungarn zur Untersuchung aufs Korn genommen. Die Reise nach Wien machte ich von Passau aus auf der Donau mit Aufenthalten in Linz und Dürnstein. In Wien hielt ich mich, freundlich von zwei alten Bekannten aufgenommen, einige Tage auf, verabredete von dort aus Näheres über meine Unterkunft in Eisenstadt an der österreichischen Seite des Neusiedlersees, das ich mir als Standquartier auserkoren hatte. Bekanntlich wurde im Frieden von Trianon das westliche Ufer des Sees unter dem Namen Burgenlandvon Ungarn abgetrennt und dadurch der Hauptort Eise n stadt zueiner ziemlich großen Garnisonstadt gemacht, deren Offiziere miteinander wetteiferten, mir bei meinen Erkundungsmärsschen hilfreiche Dienste zu leisten. Dafür lud ich sie zu einer Zusammenkunft in denweitberühmten Rust (Raster Ausbruch!). Dieser Weinbau ist übrigensvon Ginwanderern aus dem unweit Jena gelegenen Krastsdorf, an der Bahnlinie Jena–Gera, vor etwa 150 Jahren gegründet worden. Ihre Nachfolger besitzen noch heute die besten Weinberge dort. – Gise nstadt ist weltberühmt durch das Schloß und den Path des Fürsten von Esterhzizy, der bekannten steinreichen ungarischenMagnatenfamilie, deren Hoftiapellmeister Joseph von Haydn hierjahrelang geroirkt hat. Der Glanzpunltt des Burgenlandes ist das hochgelegene Schloß Feuchtenstein mit weiter Aussicht über das ganze Land bis zu den Alpen, das man in einem Tage von Eisenstadtgut erreichen dann. –

Eine Umwanderung des Sees, die ich in den nächsten Tagen ausführte und in Neusiedel an seinem Nordende begann, zeigte deutlich,daß er eine sehr einschneidende Grenzmarke in der Natur und denin ihr lebenden Menschen bildet. Westlich von ihm eine subalpineLandschaft mit zahlreichen Fruchtseldern, Weinbergen, Obsttbäumen am Fuße des steil zu ihm abfallenden, mit schönem Laubwald dichtbedeckten Gebirges, und Siedelungen mit stattlichen, aus Stein erbauten Häusern; östlich dagegen die völlig flache ungarische Puszta mit ihren weiten, baumlosen Weidenflächen, wo im Schatten einer weitastigen Akazie der Ziehbrunnen sich befindet. Um ihn herum Rinder und Schafherden unter meist noch sehr jugendlichen Hirten, die wenigen Ansiedelungen meist aus Lehm gebaut und mit Schilf gedeckt. Der an Größe etwa den Gardasee erreichende Neusiedlersee ist eine scharf ausgesprochene Scheidewand in Natur und Kultur. Eine kurze Strecke benutzte ich die Eisenbahn von Podersdorf nach Pamhagen, dann ging es zu Fuß weiter über den Einserkanal nach der Siedlung Neumexiko. Hier hatte ich ein mehr komisches als tragisches Erlebnis. Pamhagen liegt in Österreich, Neumexiko in Ungarn; nun war aber damals der Übertritt zwischen diesen beiden Ländern nur an ganz bestimmten Punktien gestattet, von denen keiner an dem Kanal liegt. Als ich nun plötzlich in Neumexiko auftauchte, kam ich dem dort stationierten Gendarmen höchst verdächtig vor. Er erklärte mir in ungarischer Sprache, die ich zwar nicht verstand, aber mit sehr deutlichen Gesten verbunden war, daß ich sein Gefangener sei und ihm ins Gefängnis zu folgen habe. Er ließ mich aber vorangehen, damit er bei einem Fluchtversuche meinerseits auf mich schießen konnte. Vergeblich hielt ich ihm ein Papier vor, in welchem die ungarische Regierung mir ausdrücklich erlaubt hatte, an jedem beliebigen Punkte in der Nähe des Sees die Grenze zu überschreiten. Die Erlaubnis war in ungarischer Sprache abgefaßt, der Gendarm aber erklärte höflich, aber bestimmt, er könne Geschriebenes nicht lesen, ersuchte mich dringend, ins Gefängnis voran zugehen. Dieses war im Erdgeschoß eines ziemlich geräumigen Hauses untergebracht, mit einer Bank versehen und im übrigen ganz sauber. Der Beamte verstand so viel Deutsch, daß er meiner Bitte, den Ausweis dem Kommandanten des Gefängnisses vorzuweisen, Folge leistete, erläuterte mir aber durch Zeichensprache, daß derselbe momentan seinen Mittagsschlaf halte und ich warten müsse, bis er aufgewacht sei. Ich ergab mich in mein Schicksal und schloß auch meine Augenlider. Nach einer längeren Weile, es mochten zwei Stunden vergangen sein, tat sich die Tür auf und der Kommandant erschien in Begleitung des Gendarms, das Papier in der Hand, trat sofort auf mich zu und entschuldigte in gebrochenem Deutsch das Verfahren seines Untergebenen, der natürlich nur seine Pflicht getan hatte. Dann führte er mich zum Lehrer der Ansiedelung, der sehr geläufig deutsch sprach und mich sofort zu einer „Jause" einlud. Nach einem gemütlichen Plausch geleitete er mich über den Kanal nach Pamhagen zurück und gab mir den Rat, von dort lieber auf der Landstraße, die für jedermann zu passieren war, nach Esterhazy zu gehen. Dies tat ich auch am nächsten Morgen, nachdem ich in dem schon von sechs Leuten besetzten Gastzimmer eine ziemlich „unruhige" Nacht verbracht hatte. In Esterhazy, wo ein prachtvolles Schloß des Fürstengleichen Namens innerhalb eines ausgedehnten Gartens steht, wurde ich nach Abgabe meiner Visitenkarte sehr liebenswürdig aufgenommen und mit einer delikaten Eierspeise bewirtet. Mit der Bahn ging es dann über Oedenburg, das bekanntlich bei Ungarn geblieben ist, nach Eisenstadt zurück. Über das Ergebnis meiner Untersuchung habe ich anderweitig berichtet. Noch einige Tage blieb ich in der gemütlichen Hauptstadt des Burgenlandes, dann ging es über Wien und Salzburg, Traunstein nach Ruhpolding, wo ich mit meiner Frau zusammentraf und noch einige Tage verweilte. Auf der Rückreise nach Jena legten wir noch eine eintägige Pause in dem gemütlich stillen, von fremden Touristen kaum besuchten Neumarkt, zwischen Regensburg und Nürnberg, ein und kamen nach sechswöchentlicher Abwesenheit wieder in Jena an.

Eine zweite große Fußreise trat ich am 5. Mai 1923 von Dingelstädt an der Bahnlinie Gotha–Leinefelde an. Sie führte mich über Heiligenstadt, Bremkse, Reinhausen nach Göttingen. Weiter mit der Bahn nach Uslar. Am nächsten Tag zu Fuß über Eschershausen, dem Geburtsort Wilhelm Raabes, quer durch den Solling nach Häxter, wo ich liebe Bekannte aus Neuhaldensleben hatte und einen Tag verweilte. Am folgenden Tage legte ich den ziemlich langen Weg über Marienmünster, Steinheim nach Horn im Teutoburger Wald zurück und fuhr noch am gleichen Abend nach Detmold. Durch einen Hamburger Konabiturienten, der dort Professor an der Hochschule war, wurde ich genötigt, unvorbereitet einen Vortrag über die wirtschaftliche Bedeutung der Seenkunde zu halten, den ich, so gut es ging, erledigte. Nach viertägigem Aufenthalt ging es mit der Bahn über Warburg nach Liebenau an der Diemel und von dort zu Fuß durch den Reinhardswald, wo ich den Saababurger Urwald kennenlernte, nach Veckerhagen an der Weser. Nach einer kurzen Dampfschiffahrt auf derselben erreichte ich Münden und am nächsten Tag mit der Bahn Jena.

Im Hochsommer des gleichen Jahres nahm ich zum ersten Male an den Versammlungen der vor zwei Jahren in Kiel gegründeten, Internationalen Vereinigung für theoretische und angewandte Limnologie" (IVL.), und zwar in Innsbruck teil, dir mir willkommene Gelegenheit bot, hervorragende Seenforscher aus verschiedenen Ländern der Erde zum ersten Male kennenzulernen, unter denen ich besonders den japanischen Limnologen Tanaka und die russischen Limnologen, an ihrer Spitze den unermüdlichen Werestchagin, den „Forel des Baikalsees", hervorheben möchte. Auch die sich an den Kongreß anschließenden Exkursionen vermehrten meine praktischen Seenkenntnisse. Auf der Rückkehr legte ich den Weg von Schwaz über das Lamsenjoch, die Eng, Hinter- und Vorderriß, Eschenlohe bis Steingaden am Lech, wo ich für eine Woche mein Standquartier aufschlagen wollte, zu Fuß zurück. Als ein Kuriosum aus jener Zeit der sich bald ihrem Höhepunkt nähernden Inflation möchte ich die Tatsache mitteilen, daß, als ich aus der Fortsetzung meiner Wanderung nach Augsburg in der alten Stadt Schongau vormittags in einer Kneipe ein Glas Bier für 36 000 Mark trank, der Wirt mir dringend riet, doch noch ein Glas zu trinken, da es nachmittags sicher das Doppelte kosten würde! Ein zweitägiger Aufenthalt in meinem geliebten Thierhaupten bildete den sehr angenehmen Schluß dieser schönen und ertragreichen Sommerreise. Nur 14 Tage später brach ich abermals zu einer Kongreßreise auf, diesmal nach Münster, der einzigen deutschen Universitätsstadt, die ich noch nicht kannte, zur Tagung des Deutschen Philologentages, dem ich hier zum ersten und letzten Male beiwohnte. Die unmittelbar vorhergehende Tagung war in Jena gewesen und der Rektor der Universität Münster, der bei mir gewohnt hatte, hatte mich freundlichst eingeladen, in Münster sein Gast zu sein. Auf diese Weise geriet ich also auf den Deutschen Philologentag, was ich durchaus nicht bedauert habe, denn Professor Mecking hatte die geographische Sektion sehr gut aufgezogen und Münster bot dem, der zum ersten Male in ihren Mauern weilte, sehr viel Interessantes. Die Inflation warf freilich ihre Schatten bedenklich auf die Zeit der Tagung. Die Preisbasis bildete damals der Preis einer Semmel; alle übrigen Dinge, auch die Zimmerpreise, drückten sich in Semmeln aus! Mehr als ein Teilnehmer mußte in Münster Schulden machen, weil das Geld rapide an seinem Wert verlor und der mitgebrachte Inhalt der Geldbörse wertlos wurde. Den Höhepunkt der Inflation erlebten wir allerdings erst nach unserer Rückkehr nach Jena, als die monatliche Pension die Höhe einer stattlichen Zahl von Milliarden erreichte, bis endlich die Anfang Dezember eingeführte Rentenmark diesem Spuk ein Ende bereitete und Zahlungen im Wert von Einer solchen bereits Respekt einflößten.. Bei der Rückkehr fand ich ein amtliches Schreiben der Universität vor, in welchem mir die Lehrberechtigung für das Fach der Hydrogeographie, um das ich mich beworben hatte, zuerkannt wurde. Es ist dies eine Einrichtung, die nur bei einer Minderzahl von Universitäten existiert; sie hat den Zweck, älteren, noch im Amt oder schon im Ruhestand befindlichen Personen die Möglichkeit zu gewähren, Vorlesungen und Übungen innerhalb eines gewissen Umfangs an der Universität zu halten, ohne den Zwang, vorher eine Probevorlesung und ein Kolloquium zu leisten. Natürlich wird diese Erlaubnis nur solchen gewährt, welche in dem bestimmten wissenschaftlichen

Fache Leistungen von Bedeutung aufzuweisen haben. Diese Personen gehören nicht zum engeren Lehrkörper der Universität, sondern stehen in der Regel nur in einem lockeren Verhältnis zu ihr. Wenn sie sich in ihrem Amte bewährt haben, d. h. genügend Zuhörer gehabt haben, kann ihnen nach einer Reihe von Jahren das Prädikat „Honorarprofessor" zuerkannt werden. Bei mir war dies nach siebenjähriger Tätigkeit geschehen. Im ganzen habe ich diese Lehrtätigkeit an der Universität jetzt 12 Jahre hindurch ausgeübt, und zwar mit wechselndem Erfolge. Anfangs hatte ich nur sehr wenig Zuhörer, nach einiger Zeit steigerte sich ihre Zahl auf mehrere Dutzend, erreichte im Jahre 1929 ihr Maximum mit rund 100 eingeschriebenen Hörern und fiel dann, anfangs langsam, dann aber schneller, bis schließlich die Zahl nicht über vier bis fünf hinausging.

Der Kundige weiß, daß die wechselnde Zahl der Zuhörer meist mit der Tätigkeit des Dozenten oft wenig zu tun hat, sondern von Verhältnissen abhängt, die auf einem ganz anderen Gebiete liegen. Gemäß dem Umfang meiner Vorlesungsberechtigung las ich abwechselnd über Seenkunde, Fluß und Grundwasserkunde, Meereshunde, Seeschiffahrt, Wasserkräfte der Erde und ihre Ausnutzung, das Wasser im Wirtschaftsleben des Menschen, das Meer und der Mensch; in mehreren dieser Themen hielt ich Übungen ab. Zweimal las ich infolge besonderer Umstände über außerhalb meiner Berechtigung liegende Themen, nämlich einmal über die Mittelmeerländer und dann über das Britische Weltreich. Bis zum Wintersemester 1930/31 fanden die Vorlesungen im Universitätsgebäude, meist im Auditorium maximum statt, das für das Geographische Institut sehr bequem lag, dann im Seminarraum der in der früheren Stonschen Anstalt neu eingerichteten Geographischen Anstalt. Drei meiner Zuhörer haben sich von mir das Thema zu ihrer geographischen Doktordissertation geben lassen, eine derselben ist im Archiv der Deutschen Seewarte abgedruckt worden, ein Zeugnis dafür, daß sie

nicht schlecht gewesen sein kann. Im großen und ganzen empfand ich Befriedigung bei meiner Vorlesungstätigkeit, die natürlich in derjenigen Zeit am größten war, als die Zahl der Zuhörer
aus besonderen Gründen, die mit meiner Person in keinem Zusammenhang standen, sehr groß war. Dann war ja auch das finanzielle Ergebnis der Vorlesungen lohnend, das später in keinem Verhältnis mehr zu der Arbeit stand, welche sie erforderten.

Den Fußmärschen nach Stuttgart und Detmold in den Jahren
1920 und 1928 schloß sich als dritter im April 1924 ein solcher
nach Gießen an. Bis Tambach benutzte ich die Eisenbahn, um
möglichst bald in mir weniger bekannte Gebiete zu kommen.
Von da ging es zu Fuß, den Kamm des Thüringer Waldes beim
Splitterfall kreuzend, nach Schmalkalden. Am anderen Tag mit
der Bahn nach Wernshausen und am Nordrand der Rhön, das
Gebiet der früher von mir untersuchten „Kutten", das sind tiefe,
kleine Einsturzseen, berührend, nach Dermbach an der Felda-
bahn, dem Hauptort des weimarischen Rhöngebietes, und weiter
nach Geisa, wo sich hessische und thüringische Landschaft
scharf voneinander trennt. Zum Teil in Gesellschaft eines Hand-
werksburschen, der sich über die Zeitverhältnisse sehr gut orientiert zeigte, marschierte ich am nächsten Tage aus Schlitz los, das
sich aus der Zeit, da es noch Hauptort einer reichsunmittelbaren
Standesherrschaft war, allerlei residenzliche Schönheiten bewahrt hat und mir für einen längeren Aufenthalt in abwechslungsreicher schöner Gegend sehr geeignet schien. Spät am A-
bend wurde noch nach strammem Marsch Lauterbach an der
Bahnlinie Fulda–Gießen erreicht, das unter den vielen Orten
gleichen Namens in Deutschland dasjenige ist, wo nach einem
bekannten Liede jemand „seinen Strumpf verlor". Am Nordabhang des Vogelsgebirges ging es am Vierten Marschtag bergauf,
bergab auf teilweise sehr schlechten Wegen, wobei man unzählige Dörfer passierte, aus einem weiteren strammen Marschtag
nach Mücke, von wo mich das Dampfroß nach Fulda brachte.

Der Rückweg wurde aus größeren Umwegen mit der Bahn zurückgelegt.

Der bekannte Ferienkursus im Juli fiel diesmal wegen der Valuta-Schwierigkeiten für die Ausländer und der gespannten politischen Lage in Thüringen aus, so daß wir in diesem Jahre auf den Besuch nordischer Freunde verzichten mußten. Für die Universitätssommerferien hatte ich mir eine Reise nach Böhmen vorgenommen, vor allem, um an einer Sitzung des Deutschen Böhmerwaldbundes in Budweis teilzunehmen, während meine Frau diese Zeit bei einer unserer früheren Haustöchter in der Sächsischen Schweiz zubringen wollte, von wo ich sie dann später abholen sollte.

Der Ausgangspunkt der Böhmerwaldreise war diesmal das schon ziemlich hinterwäldlerische Neunburg an der Schwarzach, der Endpunkt einer kleinen an der Bahnlinie Nürnberg–Schwandorf–Fürth i. W. abzweigenden Stichbahn. Nach 14tägiger Fußwanderung durch den nördlichen und nordöstlichen Teil des Böhmer Waldes, häufig die Reichsgrenze, damals noch ohne besondere Formalitäten, überschreitend, den Besuch einiger mir bis dahin noch unbekannten Böhmerwaldseen damit verknüpfend, kam ich eines Abends spät in Budweis, dem Hauptort des südlichen Böhmens, an und hatte dort das große Vergnügen, mit Joseph Taschek, dem Obmann des Böhmerwaldbundes, zusammenzutreffen, den ich bereits vor 87 Jahren dort einmal besucht hatte. –

Nach einigen Tagen ging es zu Fuß nach Prachatitz, wo ich in dem „Säumer" wohl das beste Gasthaus traf, das mir jemals auf einer Fußwanderung vorgekommen ist. Am folgenden Tage lernte ich den berühmten Urwald am Fuß des Kubann, vor allem auch seinen durch Regen weichen, schlüpfrigen Boden gründlich kennen. Teils mit der Bahn, teils mit Auto und teils zu Fuß besuchte ich dann die größtenteils deutschgebliebenen kleinen Städte am Nordabhang des Böhmer Waldes: Winterberg, Berg-

reichenstein, Unterreichenstein und Schüttenhosen. In Horadio-
witz, das schon ganz tschechisch ist, erreicht man die Bahnlinie
nach Pilsen, wo ich im „Deutschen Haus" sowohl eine sehr gute
Unterkunft, wie auch Anschluß an die Deutsche Kolonie daselbst
fand, welche damals wohl erheblich stärker war als heute. Bei
der Weiterfahrt mit der Bahn am nächsten Tage bemerkt man
zum nicht geringen Erstaunen, wie die schmucken Eisenbahnwagen, die sauberen Stationsgebäude plötzlich aufhören, wenn man
sich dem deutschen Sprachgebiet nähert und unsauberen, unan-
sehnlichen Gebäuden Platz machen, denen jeder Blumen-
schmuck fehlt. Man will offenbar dadurch den fremden Reisenden die Meinung beibringen, daß die Tschechen in der Zivilisati-
on weit fortgeschrittener seien als die Deutschen. Und doch sind
die schönen tschechischen Eisenbahnwagen und Stationsgebäude
ganz überwiegend von deutschem Geld erbaut! Derselbe Vorgang wiederholt sich bei den Schulgebäuden. Im tschechischen
Sprachgebiet wahre Schulpaläste, selbst in Orten unter 10 000
Einwohnern, im deutschen vielfach höchst bescheidene Bauten,
weil die herrschende Regierung dafür kein Geld übrig hat.

Über Saaz und Teplitz ging es nach Lobosit, von wo der
Milleschauer, Böhmens Rigi, mit sehr gutem Berggasthaus, bestiegen wird. In Leitmeritz wird am nächsten Tage am Strand der
Elbe Mittag gemacht und sodann ein Ausflug nach dem wundervoll gelegenen Salesel unternommen, das uns einen richtigen
Einblick in das Weinparadies der Leitmeritzer Gegend bietet.
Auf der Weiterfahrt nach Norden überschlug ich einen Zug, um
die durch den Maler Ludwig Richter so berühmt gewordene Rui-
ne Schre- ckenstein an der Elbe kennenzulernen. Von Außig,
einem ganz modernen Industrieort, der unangenehm mit dem
paradiesisch gelegenen Leitmeritz kontrastiert, brachte mich
dann der Dampfer elbabwärts über Tetschen nach Schandau, wo
mich meine Frau in Empfang nahm und wir noch eine Woche
lang bei unseren alten Bekannten verweilten, ehe es nach Jena

zurückging. – Über meinen Aufenthalt bei unseren deutschen Brüdern im Böhmer Wald durfte ich im nächsten Winter in verschiedenen Ortsgruppen unseres Landesverbandes Thüringen des V.D.A. berichten. –

Von Ende Mai bis Anfang Juni des folgenden Jahres hielten wir uns beide in Schlesien auf. Zunächst waren wir eine Woche am „Schlesischen Meer", wie man in Schlesien zwar mit einiger Übertreibung, aber doch mit einer gewissen Berechtigung, den Schlawaer See in einer vom Verkehr abgelegenen Gegend des nordöstlichen Schlesiens nennt. Obwohl er mit seinen 10,6 qkm nur wenig größer als der Tegernsee ist, ist er doch weitaus der größte See Schlesiens. Er ist, nebenbei bemerkt, einer der fischreichsten Seen Deutschlands, allerdings wird er von seinem Pächter, einem Herrn aus Berlin, sehr pfleglich behandelt. Da seine Tiefenverhältnisse bisher noch recht wenig bekannt waren, lotete ich ihn gründlich aus, ebenso seine Nachbarseen, den großen und kleinen Tarnauer See. Der große zum Schloß gehörige Park mit seinen wundervollen Laubbäumen hart am See bot für meine Frau, die mich nicht immer begleiten konnte, einen willkommenen Aufenthalt, der nur durch die reichlich vorhandenen Schnaken etwas getrübt war. Die kleine Stadt Schlawa selbst besaß in der „Goldenen Gans" einen recht annehmbaren Gasthof. Am 1. Juni brachen wir nach Breslau auf, wo der 21. Deutsche Geographentag tagte und interessanten Vergleich bot mit einer früheren Tagung ebendaselbst, welche vor einem Vierteljahrhundert stattgefunden hatte. An den umfangreichen Exkursionen nachverschiedenen Talsperren und auf den Kamm des Riesengebirges konnte sich zu meiner Freude meine Frau mühelos beteiligen. – Ende Juli traten wir beide die längst beabsichtigte Reise nach Norwegen an, welche zum Hauptzweck den Besuch unseres Freundes hatte, der schon einige Male unser Gast in Jena gewesen war. In der Familie seiner Eltern, die in dem kleinen Örtchen Birkeland, und seiner Schwiegereltern, die in Christiansand –

124

wohnten, lernten wir echt norwegische Gastfreundschaft kennen und verlebten schöne Tage, in denen wir einen tieferen Einblick in das norwegische Volk gewannen, als die deutschen Nordland-fahrer, die in eiliger Schnelltour die Küste Norwegens bis zum Nordkap durchrasen. Bei einem längeren Ausflug in das durch seine Trachten merkwürdige Sätterdal machten wir beide teils mit der Bahn, teils mit Schiff, teils mit Auto, in Norwegen Bil genannt, nach dem Hardangerfjord und Bergen. Mit der schönen Bergenbahn fuhren wir dann nach Oslo und nach mehrtägigem Aufenthalt daselbst zu Schiff nach Hamburg zurück. –

Nur einen einzigen Ruhetag gönnte ich mir in Jena, dann ging es wieder fort, diesmal allein, nach England, das ich seit 20 Jahren nicht mehr gesehen hatte, aber wenig verändert fand. Haupt-stationen meines Aufenthaltes waren außer London Oxford , Warwick, mit Ausflügen nach Birmingham, Stratford und dem aus Walter Scott bekannten Schloß Kenilworth, weiter Ehester, mit Ausflügen nach Liverpool und Manchester. Von Holnhead fuhr ich nach Dublin, lernte das jetzige Nordirland kennen, seine Hauptstadt Belfast eingeschlossen. Wieder in Holnhead ange-langt, weilte ich einige Tage in dem so malerischen Nordwales, wo ich unter anderem die beiden höchsten Berge des Landes, den Snowdon und den Cader Idris, bestieg. Auf dem Rückwege wur-den noch die interessanten alten Städte Shrewsbury, Hereford besuchst und ein Tag in Bristol zugebracht. Von London ging es auf demselben Wege, auf dem ich gekommen war, nämlich über Harwich, Hoek van Holland, nach Jena zurück. Nur drei Wochen hatte diese Englandfahrt gedauert, die am 21. September beendet war, aber dank der beständig schönen Witterung habe ich außer-ordentlich viel und ohne alle Überstürzung in angenehmer Weise gesehen. Nach dieser Erfahrung kann ich den September als Rei-semonat in England bestens empfehlen. Im Mai des nächsten Jahres (1926) lernten meine Frau und ich auf einer längeren Fußwanderung das Sauerland mit seinen schönen Wäldern gründlich kennen und hatten dabei die Freude, sie mit Besuchen bei Bekannten und Verwandten zu verbinden. Zum Schluß suchten wir noch die Waldecker Talsperre auf, die ich noch nicht kannte.

Am 1. August trat ich eine sechswöchentliche Reise nach England und Irland an, anfangs begleitet von Prof. Fels aus München. Die Reise ging von Bremen nach Southampton, von da mit einem Auto nach Salisbury, von wo wir das aus Abbildungen sehr vielen bekannte Grabdenkmal aus vorhistorischer Zeit, Stonehenge, besuchten. – Die Bahn führte uns am nächsten Tage über Plymouth nach Penzance in der Südwestecke Großbritanniens. Nach einem Dampferausflug nach den Scillyinseln, die unsere Erwartung auf subtropische Flora etwas enttäuschten, brachten wir einen wundervollen Abend am Lands End zu, wo Großbritannien sich endgültig mit dem Ozean vermählt. Es folgten einige schöne Tage an der Südküste des Bristol-Kanals, wo die Kurorte sich dicht aufeinander folgen und ein lebhaftes Badeleben Unterhaltung bot. Die Überfahrt über den Kanal in nördlicher Richtung brachte uns nach dem Kohlenhafen Swansea im südlichen Wales und damit in ein Land und Volk, das außerordentlich stark mit Südengland kontrastiert. Noch in derselben Nacht fuhren wir von Fishguard hinüber nach Waterford in Irland und blieben dreivolle Wochen auf dieser merkwürdigen Insel. Es ist ganz unmöglich, an dieser Stelle alle Punkte aufzuzählen und alle Abenteuer zu beschreiben, die wir vom äußersten Süden bis zum äußersten Norden die Insel durchquerend, und zwar in beträchtlichem Maße zu Fuß, erlebt haben. In Vorträgen, die ich teils in Vereinen, teils in geographischen Gesellschaften im Laufe des nächsten Winters, später auch in Jena, hielt, habe ich an der Hand von Lichtbildern, die mein Begleiter aufgenommen hatte, versucht, das Ergebnis unserer Wanderungen und diese selbst zur Anschauung zu bringen. Die interessantesten Gegenden waren wohl diejenigen um Killarney im Südwesten und in der Landschaft Connaught im Nordwesten. Leider gestattete es die Zeit, vielleicht auch unsere geistige Fassungskraft, nicht mehr, die dieser Landschaft westlich vorgelagerten kleinen Inseln aufzusuchen, in die ein Nichtirländer kaum je seine Schritte lenkt. Natürlich verfehlten wir auch nicht, die großartigen Basaltbildungen „Giant'sCauseway" bei PortRush an der äußersten Nordküste der Insel aufzusuchen, die zu den berühmtesten Schaustücken der Erde gehören. Aber angesichts der großen Touristenscharen, welche sie bei unserer Anwesenheit bevölkerten, machten sie aus uns, die wir eben aus der grandiosen Einsamkeit der wilden Klippen der Donegalbay kamen, nicht den überwältigenden Eindruck, den wir uns ausgemalt hatten.

In Larne, auf der irischen Seite des Nordkanals, trennte ich mich von meinem Begleiter, der noch die mir bekannte Gegend von Dublin besuchen wollte, und fuhr über den Nordkanal nach Stranaer im südlichen Schottland. Wir hatten etwas Verspätung und der Schnellzug nach Carlisle, das schon in England liegt, stand abfahrtbereit am Bahnhof. Nur durch die oft erprobte, praktische, aber niemals aufdringliche Dienstfertigkeit eines Bahnbeamten gelang es mir noch in letzter Minute, eine Fahrkarte und den Zug zu erwischen.

Eine volle Woche brachte ich dann noch in den wundervollen Bergen und Seen des englischen Lake-District zu, einer Landschaft, der ich an Mannigfaltigkeit der Formen und des Pflanzenkleides kein einziges der deutschen Mittelgebirge auch nur entfernt an die Seite setzen könnte. Allerdings wurde ich, wie im Vorjahre, es war wieder September geworden, durch das Wetter ganz außerordentlich begünstigt. Aber nicht nur ist die Landschaft schön, sondern auch die Behaglichkeit und Sauberkeit der kleinen Wirtshäuser und Pensionen ist über alles Lob erhaben. In schroffem Gegensatz zu diesem Naturpark; steht die Gegend um Leeds und Hull, die ich acht Tage später durchfuhr, um nach Grimsby zu kommen, dem Hafen, von welchem ich mich nach

Deutschland wieder einschiffen wollte. Vorher machte ich aber noch von Hull einen sehr lohnenden Ausflug nach der südlich davon gelegenen alten Bischoffstadt Lincoln, welche ebensowohl durch ihre Lage wie durch ihre vielen altertümlichen Bauten den Reisenden überrascht.

Noch einige Tage in Hamburg und Umgebung bei guten, alten Freunden; dann holte ich meine Frau in Blankenburg am Harz ab, wo sie sich im Sanatorium des schon früher von mir genannten Dr. Strünckmann einige Wochen aufgehalten hatte, und wir fuhren mit Auto quer durch den Harz nach Nordhausen und mit der Bahn nach Jena zurück. –

Das nächste Jahr (1927) brachte im Juni eine Reise nach Karlsruhe zum 24. Deutschen Geographentag, wohin mich anfangs meine Frau begleitete. In Eberbach am Neckar, wo wir mehrere Tage verweilten, trennten wir uns und ich fuhr allein weiter. In Donaueschingen trennte ich mich von den Mitgliedern der Exkursionen, die durch einen großen Teil des Schwarzwaldes geführt hatten und bei denen meine eingehende Kenntnis der Schwarzwaldseen manchmal von Vorteil war, und fuhr nach dem Bodensee. Zusammen mit Dr. Wasmund, einer vielversprechenden neuen Kraft in der Seenkunde, und seiner jungen Frau brachte ich dort mehrere lehrreiche Tage zu. Nach einem kurzen Abstecher nach Zürich, wo ich mit lieben alten wissenschaftlichen Freunden zusammentraf, durchquerte ich auf einem Fußmarsch die Schwäbische Alb von Untermarchtal nach Reutlingen, besuchte in Ludwigsburg die bekannte Schriftstellerin Toni Schumacher, mit der ich in lebhaftem Briefwechsel gestanden hatte, und nach einem Marsch quer durch den Spessart von Miltenberg aus den wackeren Dr. Stadler in Lohr, den ich vor bald vier Jahren bei der Tagung der Limnologen in Innsbruck kennengelernt hatte. Von Beruf ein sehr beschäftigter praktischer Arzt, hat er sich durch ein vortreffliches Lehrbuch der Vogelstimmen einen Namen gemacht und ist durch seine unermüdlichen Bestrebungen auf dem Gebiete des Naturschutzes weithin bekannt geworden. –

Im August und September desselben Jahres machte ich mit meiner Frau eine längere Reise nach dem Salzkammergut, mit längerem Aufenthalt in Altausee und der Steiermark (Graz), bis zur ungarischen Grenze. Zurück ging es durch Kärnten über den Radstädter Tauern und das Land Salzburg nach Innsbruck, wo wir mit Sölch und Müllner zusammentrafen. Als meine Frau die manchmal nicht geringen Strapazen dieser Reise mühelos und stets mit gutem Humor überwand, ahnte ich nicht, daß es die letzte Reise war, die ich mit ihr machte. Das besonders Schöne und Wertvolle an solchen Reisen besteht darin, daß ich fast überall da, wo Seen vorkommen, schon vorher mit Männern in Beziehung gestanden habe, die in den betreffenden Gegenden wohnen, sie also gut kennen und außerdem schon Interesse an meiner Person gewonnen hatten. Solche Verhältnisse ergeben sich natürlich nicht an einem Tage, sondern sind das Produkt von Beziehungen, die man während eines langen Lebens allmählich gewonnen hat. So wurde auch unsere Rückreise von Innsbruck aus angenehm unterbrochen durch Aufenthalt am Achensee, in Scharnitz an der Grenze von Tirol und Oberbayern und am Ammersee. Daß am vorletzten Tag unserer Reise auch ein Halt in dem alten, lieben Thierhaupten gemacht wurde, versteht sich wohl von selbst.

Das Winterhalbjahr sah mich, wie schon oben angedeutet, mehrfach unterwegs auf Vorträgen über meine Reise in Irland, die ich u. a. in Berlin, Stettin, Bremen, Hannover und Helmstedt hielt. Mit dem Schluß derselben zogen wir Anfang März 1928 in das kleine Häuschen am Fuß des Sonnenberges, das ich noch jetzt bewohne und in dem wir noch lange Zeit zusammenzuleben gehofft hatten. Es kam anders.

Kaum ein Vierteljahr sollte meine Frau die Annehmlichkeiten der neuen Wohnung in einem großen Garten genießen, dann brach eine tückische Krankheit aus, der sie nach siebenwöchentlichem Krankenlager am 7. August 1928 erlag. Beinahe 40 Jahre hatten wir Leid und Freud miteinander redlich geteilt, ihre Gesundheit war mit den Jahren eine viel festere als in früheren Jahren geworden bis zudem Moment, wo die Krankheit zum Ausbruch kam. Ihr Wesen habe ich bereits früher kurz charakterisiert, ich habe dem nichts hinzuzufügen. Auf ihren Grabstein auf dem Magdeburger Südfriedhof habe ich die Worte einmeißeln lassen: „Sie starb vielen zu früh." Ich glaube, daß ich damit das Richtige getroffen habe.

Was man mit dem Tode einer geliebten Frau verliert, erfährt man in seiner ganzen Wucht und Bedeutung meist erst nach Monden und Jahren. So ging es und so geht es auch heute noch mir, seitdem bald acht Jahre nach jenem Tage verflossen sind. In der nächsten Zeit nach dem Tode war ich so betäubt, daß ich noch nicht zum rechten Bewußtsein des Verlustes kam. Da die Arbeit die beste Trösterin in diesen Zeiten ist, so unternahm ich, nachdem die äußeren Angelegenheiten, die mit dem Heimgang eines Menschen den Überlebenden erwachsen, erledigt waren, in den letzten Tagen des August eine Reise nach dem Chiemgau, um aus Wunsch des Leiters der Biologischen Station in Seeon, Prof. Dr. Woltereck, die um Seeon nördlich des Chiemsees gelegenen Seen auszuloten. Es war die letzte Arbeit dieser Art, die ich in meinem Leben ausführte. Sie bot insofern ein besonderes Interesse, als, mit Ausnahme des größten von ihnen, des Klostersees, zur Auslotung nur zwei Faltboote zur Verfügung standen, auf denen meine Lotmaschine nicht montiert werden konnte. Wir halfen uns dadurch, daß wir einen handfesten Rahmen anfertigen ließen, der eine Aufstellung der Maschine zuließ und auf beide Faltboote ausgelegt wurde, eine Vorrichtung, welche gegenüber des sonst bei Faltbooten verwendeten sondeur Belloc den großen Vorteil viel größerer Stabilität besitzt.

130

An die Arbeitstage am Chiemsee schloß sich eine Erholungswoche in Marquartstein an, doch hatte ich an seiner schönen Umgebung keinen rechten Genuß, denn sowie meine Gedanken nicht mehr durch wissenschaftliche Arbeiten abgelenkt waren, trat die Erinnerung an den großen Verlust, den ich erlitten hatte, wieder sehr deutlich ins Bewußtsein. Ein Besuch bei meinen Freunden am Ammersee in Diessen beschloß diese Reise und Ende September traf ich wieder in Jena ein.

Am 1. Oktober übernahm eine junge Baltin, die uns von früher her gut bekannt war und sich als eine tüchtige intelligente Schreibgehilfin bewährt hatte, den Haushalt. Ich war natürlich sehr froh darüber, daß mir ein zuverlässiges, schon bekanntes Wesen zur Seite stand, das sich durch seine leichte Auffassungsgabe sehr vorteilhaft auszeichnete, aber es zeigte sich allmählich, daß sie ihrem gewiß nicht leichten Amt doch nicht völlig gewachsen war und wir trennten uns freundschaftlich nach einem Jahr wieder. In den Pfingstferien war ich vor das Dilemma gestellt, entweder den 29. Deutschen Geographentag in Magdeburg oder die 400-Jahr-Feier der Gelehrtenschule des Johanneums in Hamburg, des Gymnasiums, das mich zur Universität entlassen hatte, mitzumachen. Ich löste dasselbe durch einen Kompromiß, indem ich zuerst zwei Tage dem Geographentag, die übrige Zeit der 400-Jahr-Feier widmete. Wie ich später im Zusammenhang noch erörtern werde, haben die Deutschen Geographentage ihre wissenschaftliche Bedeutung, die sie früher hatten, allmählich eingebüßt, so daß ich nicht allzuviel verlor, wenn ich in Magdeburg nur zwei Tage blieb. Die Feier in Hamburg hat allerdings meine Erwartungen auch nicht restlos erfüllt; es war eine zu große Menschenansammlung und der wirkliche Zusammenhang bestand eigentlich nur zwischen früheren Jugendbekannten und Gleichaltrigen. Bei dieser Gelegenheit erneuerte ich die Bekanntschaft meines Konabiturienten Marr, der inzwischen praktischer Arzt in Hamburg geworden war. Mit ihm verbindet mich seit dieser Zeit innige Freundschaft. Dadurch soll aber auf die Bemühungen des Festausschusses, den Gästen möglichst viel, namentlich an Kunstgenuß, beileibe kein Stein geworfen wenden, viel mehr verdienen sie volle Anerkennung.

Im Sommersemester 1929 war ich durch Vorlesungen außergewöhnlich in Anspruch genommen, da ich eine dreistündige über die Mittelmeerländer für den nach Dortmund berufenen Kollegen Burchard zu halten hatte, außer meiner regelmäßigen Vorlesung über Meereskunde. Ich folgte daher der Einladung meines schon öfter erwähnten norwegischen Freundes, der inzwischen Studienrat in Arendal geworden war, nur zu gern. Diesmal nahm ich die Hin- wie Rückreise über Frederikshavn im nördlichen Jütland nach Christiansand. Hier wurde ich wieder von den Schwiegereltern und sonstigen Verwandten meines Freundes sehr gastfrei aufgenommen. Ich erinnere mich noch eines Besuches bei einer Tante desselben, die einen sehr großen Hühnerhof besaß. Wie er damals wenigstens in diesem Umfang in Deutschland noch wenig verbreitet war. In Arendal hielt ich mich zunächst nur eine Woche auf, weil ich der sinkenden Sonne wegen – wir schrieben schon den 6. August – möglichst bald nördlich vordringen wollte. Ich hielt mich zunächst eine Woche in einem Pensionat in Lillehammer am Nordende des Mjösen, des größten und zweittiefsten norwegischen Binnensees auf, teils zur Erholung, teils um besondere Seenstudien zu treiben, da dieser See gewisse Merkmale mit dem Comersee besitzt. – Die Unterhaltung wurde in der Hauptsache in deutscher Sprache geführt, doch hatte ich allmählich soviel Norwegisch gelernt, daß ich für den Hausgebrauch mich auch hierin verständlich machen konnte. Bis Otta ging es mit der Bahn in dem berühmten Gudbrandsdal hinauf, sodann mit einem Auto über Voßheim nach dem hochgelegenen Weiler Grotlid in charakteristisch öder Feldlandschaft, ca. 900 m hoch. Die Ansiedelungen liegen von der Landstraße ziemlich weit entfernt; infolgedessen ist für sie an einem geeigneten Orte an der Straße jedesmal ein geräumiger Briefkasten angebracht, der durch das Postauto versorgt wird. Es war schon ziemlich spät abends, als das Auto in Grotlid anlief, aber man bekam noch ein sehr gutes Abendessen, obwohl wir nur zwei Gäste waren. Die Straße nach der Westküste Norwegens steigt noch über 200 m hinauf, dann senkt sie sich in gewaltigen Kehren über 1000 m hinab nach Marok am Ostende des Geirangerfjords. Nach Baedeker soll auf keiner anderen Straße Norwegens der Gegensatz der riesigen Fjeldnatur und der Milde am Fjord so unvermittelt zur Geltung kommen, als der von uns an diesem Morgen zurückgelegten. Baedeker empfiehlt, diese Strecke zu Fuß zurückzulegen, doch konnte ich aus verschiedenen Gründen mich dazu nicht entschließen. Als ich fünf Jahre später um dieselbe Jahreszeit von der Paßhöhe bei Cetinje in Montenegro nach Cattaro in Dalmatien gleichfalls im Auto hinabfuhr, trat mir die Erinnerung an diese norwegische Straße lebhaft vor Augen. Es ist nicht leicht, sich zu entscheiden, welche von beiden Straßen die großartigere ist. Der Höhenunterschied ist bei der dalmatinischen größer, wenn man sie von der höchsten Stelle des Bukovicopasses (1247 m) an rechnet, auch sind die Kehren bei ihr noch kühner angelegt als bei der norwegischen, dennoch stehe ich keinen Augenblick an, letzterer den Vorzug zu geben, da der Gegensatz zwischen der Fjeldlandschaft und der Fjordlandschaft am Geirangerfjord mir noch weit eindrucksvoller vorkam als zwischen dem Karstplateau und dem Golf von Cattaro. Doch bleibt das natürlich Geschmackssache.

Noch am gleichen Tag erreicht man teils mit Dampfer, teils mit Auto das durch seine milde Lage weithin berühmte Molde, wo ich zwei herrliche Tage verweilte. Die Angaben im Baedeker über die überraschend südliche Vegetation in einer Gegend, die drei Breitengrade nördlicher als Leningrad liegt, fand ich nicht übertrieben. Die Überfüllung durch Touristen war nicht so groß, wie ich sie befürchtet hatte, allerdings befanden wir uns schon in der zweiten Augusthälfte.

Desto enttäuschter war ich durch Aandelsnaes, dem Ausgangspunkt des Romsdales oder des Tales der Raunen, das man von Molde aus zu Schiff erreicht. In dem dortigen Hotel herrschte das typische langweilige Touristenleben, und ich war herzlich froh, als am nächsten Morgen zeitig die Bahn durch das Romsdal hinausfuhr bis in seinen untersten Teil, wo der Blick auf das prächtige Romsdalhorn das Auge entzückt. Weiter oberhalb wird das Tal einförmiger, bis man bei Dombas die große Route nach Drontheim erreicht, die wir einige Bahnstationen südlicher in Otta vor einer Woche verlassen hatten, um uns dem Auto anzuvertrauen. Diesmal fahren wir an Lillehammer vorüber und beenden die heutige Bahnfahrt in Hamar, einer höchst langweilig erbauten modernen Stadt, die nur durch ihre Lage von dem mittleren Teil des langen Mjösen ausgezeichnet ist. In Oslo nehmen wir keinen Aufenthalt, sondern fahren nach Drammen durch, das als Stadt genau so langweilig wie Hamar und die meisten norwegischen Mittelstädte ist, aber eine pittoreske Lage an dem Fluß gleichen Namens, der sich hier in den Drammensfjord, ein Arm des Christianiafjords, ergießt. Der lebhafte Hafen war ziemlich voll mit Seeschiffen. In den Hotels sowohl von Hamar wie von Drammen war ich scheinbar der einzige Gast. Touristen kommen nicht in diese Gegend und für Geschäftsreisende war wohl nicht die richtige Jahreszeit. Die Verpflegung war gut; daß sie auch sehr reichlich war, braucht man in Norwegen kaum zu sagen. Man konnte von den dargebotenen Herrlichkeiten soviel genießen, wie man wollte. Ich war aber sehr froh, als ich am nächsten Abend bei meinen lieben Freunden in Arendal saß. Die Stadt ist eine der sehr wenigen Norwegens, die ihren altertümlichen Charakter, wenigstens zum Teil, erhalten hat. Da sie auf mehreren Hügeln am Meere liegt, könnte man sie fast mit kalabrischen Städten vergleichen, nur ist ihre Umgebung sehr viel grüner und ihre Bevölkerung weit weniger temperamentvoll. Mit Kopenhagen hat sie direkte Dampferverbindung, aber merkwürdigerweise nur in der Richtung von, nicht nach Kopenhagen.

Nach einer höchst gemütlichen Woche ging es mit dem „Bil" nach Christiansand und von da auf demselben Wege wie auf dem Hinwege nach Deutschland zurück. Einige nette Tage in Hamburg bei guten Bekannten und Freunden bildeten wie üblich den Abschluß auch dieser Nordlandreise. Fünf Wochen nach meiner Abfahrt war ich wieder daheim, wo sich inzwischen meine jugendliche Hausdame wieder eingestellt hatte. Am 1. Oktober fand, wie schon früher angedeutet, ein Personalwechsel statt. Eine Dame in schon etwas vorgerücktem Lebensalter, Fräulein Küllenberg, die Tochter eines Offiziers, welcher als Major den Krieg 1870/71 mitgemacht hatte, stand von nun ab meinem Hauswesen vor und tut es noch jetzt zu meiner vollsten Zufriedenheit. Ihrem verständnisvollen Eifer, mit dem sie ihr nicht leichtes Amt stets versehen hat, verdanke ich unstreitig in erster Linie meine körperliche und geistige Rüstigkeit, die ich mir bisher bewahren konnte. Sie hatte nicht nur dem gesamten Hauswesen vorzustehen, nicht nur mir abends 1–11/2 Stunden vorzulesen, um meine schwachen Augen zu schonen, sondern fungierte auch noch tadellos als Schreibhilfe, insofern ich meine vielfachen wissenschaftlichen Arbeiten und einen Teil meiner sonstigen Korrespondenz diktieren konnte!

Im Februar des nächsten Jahres (1930) las ich in einer Zeitschrift die Mitteilung, daß ein Herr aus Dresden, der sich schon öfter in Griechenland aufgehalten und sich zu seinem Vergnügen mit griechischer Kunst beschäftigt hatte, bereit war, im April des Jahres eine Reise durch Griechenland mit einer kleinen Gesellschaft zuführen. Es war schon lange meine Absicht, Griechenland in Gesellschaft meiner Frau zu bereisen; ich konnte sie nun natürlich nicht mehr in dieser Weise ausführen, daher entschloß ich mich, mich jener Gesellschaft anzuschließen und es fanden sich am Morgen des 31. März einschließlich einer älteren Dame im Wartesaal 2. Klasse des Münchener Hauptbahnhofs außer unserem Führer zehn Personen zusammen, um gemeinsam die Reise anzutreten, die uns an demselben Tage bis Bologna führte. Ein Teil der Gesellschaft blieb noch bis zum Nachmittag des nächsten Tages dort, um sich Bologna anzusehen, während ich mit einigen anderen Herren die Stadt schon mittags verließ und die Fahrt nach Brindisi abends in Pescara unterbrach. Vorher hatten wir die schöne Straße von Falkonara nach Ankona mit einem Zweispänner zurückgelegt. In Brindisi vereinigten sich mit uns noch zwei Schweizer Herren, die aus Neapel gekommen waren, so daß wir nun, abgesehen von dem Führer, gerade ein Dutzend waren. Es liegt nicht in meiner Absicht, die schöne und stets vom besten Wetter begünstigte Reise durch Griechenland, die gerade einen Monat ausfüllte, hier im einzelnen zu schildern. Es ist dies bereits anderswo geschehen. Nur einige Namen seien hier genannt: Korfu, Patras, Olympia, Korinth, Mykenä, Nauplia, Epidauros, Tiryns, Argos, Tripolis, Tegea, Sparta, Mistra, Tripolis, Mykenä, Eleusis, Athen, Aegina, Salamis, Kephysia, Marathon, Sunion, Kreta (vier Tage), Athen, Delphi. Von Korinth bis Athen verfügten wir während einer vollen Woche über drei geräumige Autos, die vollständig zu unserer Verfügung standen, so daß wir diese Zeit ganz nach unserem eigenen Ermessen ausnutzen konnten, allerdings mit der Einschränkung, daß unsere Nachtquartiere schon vorher fest ausgemacht waren und innegehalten werden mußten. Die Tagesreisen waren so eingeteilt, daß man überall bequem Zeit hatte und sich nirgends zu übereilen brauchte. Selbstverständlich haben solche Autofahrten auch ihre großen Nachteile; sie kommen eben nur da zur Anwendung, wo sich geeignete Autostraßen finden! So mußten wir z. B. auf die so interessante direkte Verbindung von Olympia nach Sparta verzichten, auf die ich mich besonders gespitzt hatte.

Durch Umplazieren in entsprechende Autos war den Teilnehmern während der Fahrt am Tage immer Gelegenheit geboten, besonderen Neigungen nachzugehen, sofern sie sich nur am Abend wieder in dem als Nachtquartier bezeichneten Hotel zusammenfanden. Von dieser Möglichkeit wurde häufig Gebrauch gemacht. Vom griechischen Volk, das man natürlich in Athen allein nicht kennenlernt, haben wir wohl alle einen günstigen Eindruck gewonnen, vornehmlich durch seine Genügsamkeit, Heiterkeit und Fehlen von Bettelei. Mir fiel besonders der Gegensatz zwischen Mittelgriechenland und dem Peloponnes auf: dort Hinneigung zum Abendland, hier Hinneigung zum Morgenland! Dieser Gegensatz scheint mir vor allem klimatisch bedingt zu sein. Als Höhepunkt unserer Reise möchte ich hervorheben: das erste Erwachen am Morgen in Olympia, dessen Umgebung vielfach an eine Landschaft des Thüringer Waldes erinnert; der Blick von Akrokorinth auf die klassische Berglandschaft rundherum, der schneebedeckte Taygetos im Gegensatz zur spartanischen fruchtstrotzenden Ebene; ein einsamer Aufenthalt auf der Akropolis in früher Morgenstunde, der ganze Tag auf der Insel Aegina; der Doppelblick von der Ruinenstadt Hagia Triada auf der Insel Kreta zugleich auf das schneebedeckte Idagebirge und das weite Aegäische Meer, hinter dem man die afrikanische Küste vermutet, und endlich, die Krone von allem, der Adlerzug über der offenen Szene des „Gefesselten Prometheus", dessen Uraufführung in Delphi beizuwohnen wir das große Glück hatten. Zur Erklärung muß ich noch hinzufügen, daß eine gewaltige Rauchsäule, in der zum Schluß des Stückes Prometheus in den Boden sinkt, einen Schwarm von etwa 20 Seeadlern aufscheuchen ließ, der in majestätischem Schwung in den Lüften über die Bühne dahinzog. Wem fielen da nicht „Die Kraniche des Ibikus" ein?

Sehr erfreut waren wir auch, als wir in Tegea mit Heinrich Dörpfeld und seinem Führer zusammentrafen, der schon seit 50 Jahren sein Begleiter in Griechenland ist. –

Von Delphi fuhren wir nach Bralo an der Bahn nach Saloniki zurück. Dort trennten wir uns. Während die übrigen nach Athen zurückfuhren, um sich von dort in alle Winde zu zerstreuen, fuhr ich noch in der Nacht über Saloniki nordwärts durch ganz Südslawien nach Belgrad, das ich allerdings erst am Nachmittag des nächsten Tages erreichte. Von dort ging es auf dem kürzesten Wege über Agram, Laibach, die Tauernbahn nach München und nach kurzer Rast daselbst nach Hause weiter. Schon am übernächsten Tage stand ich wieder auf dem Katheder bei meinen Studenten. Mit einem meiner damaligen Reisegefährten habe ich dauernd Freundschaft geschlossen und ihn inzwischen auch in seiner Berufsstätte Mannheim besucht. Unmittelbar nach Schluß des Sommersemesters machte ich mich wieder zu einer größeren Reise auf, die mich sechs Wochen von Jena fernhielt. In Budapest war nämlich für dieses Jahr die 5. Tagung der Internationalen Limnologen-Vereinigung (J.L.V.) angesetzt und diese Gelegenheit mit Fachgenossen zusammenzutreffen und zugleich eine große, mir noch unbekannte Weltstadt kennenzulernen, wollte ich natürlich nicht vorübergehen lassen. Unterwegs aber nahm ich zweimal einen Aufenthalt. Einen kürzeren in dem mir aus früheren Jahren so sympathischen und wohlvertrauten Schloß Fürsteneck; im Bayrischen Wald. Hier hatte ich merkwürdigerweise eine Begegnung mit der Tochter des inzwischen längst verstorbenen Schloßbesitzers, die ich vor 44 Jahren als fünfjähriges Mädel kennengelernt hatte. Sie hatte sich inzwischen natürlich längst verheiratet, war vor einigen Jahren Witwe geworden und lebte in einem selbsterworbenen Häuschen unweit des Schlosses. Wir freundeten uns schnell an und meine Freundschaft mit ihr, die nun schon dreifache Großmutter ist, hat sich inzwischen sehr innig gestaltet. Gewiß ein nicht alle Tage vorkommendes Erlebnis! Den längeren Aufenthalt nahm ich in Weyer in Oberösterreich an der Enns. Dort traf ich mich mit lieben, alten Bekannten aus dem Schluß der Studienzeit und benutzte die Gelegenheit, soweit es die Witterungsumstände erlaubten, zu Ausflügen und Bergtouren in die schöne Umgebung. Nach drei Wochen ging es über Wien nach Budapest zum Limnologentag. Seine Glanzpunkte waren die Ausflüge nach der Pußta Hortobagy, östlich von Debrecen, nahe der rumänischen Grenze, eine der wenigen Gegenden Ungarns, wo noch echtes Pußtaleben vorhanden ist, und nach dem Plattensee, wo wir drei volle Tage verweilten. Auf dem Rückwege wurde noch längere Station bei Freund Ruttner am Lunzer See gemacht, der uns seine schöne biologische Station zeigte und dann ging es zuerst mit Auto, dann mit der Bahn durch die Lande Kärnten und Salzburg zurück nach München und mit dem üblichen Abstecher an den Ammersee nach Jena zurück.

Die Weihnachtstage über, die ich im vorigen Jahre bei meiner in Gummersbach im Rheinland verheirateten Nichte zugebracht hatte, war ich diesmal bei einer mir seit langem befreundeten Familie in dem lieben Würzburg. Der März des folgenden Jahres (1931) fand mich wieder aus einer Reise nach dem Süden. Diesmal galt es der Stätte meiner einst beabsichtigten Habilitationsarbeit, dem Val Chiana in Toskana. In keinem Lande, nächst Deutschland, bin ich so viel umhergereist wie in Italien. Es war diesmal das 14. Mal, daß ich dies Land, das mir mit seinen Bewohnern so sehr ans Herz gewachsen ist, besucht habe. Das letzte Mal war es im Jahre 1910 gewesen und ich konnte interessante Vergleiche anstellen zwischen jener Zeit und heute. Gewiß haben sich Kleinigkeiten seither merklich verändert: Die Bettelei ist fast verschwunden, die Eisenbahnen fahren pünktlich ab und man bekommt beim Wechseln fast gar kein falsches Geld mehr, was früher die Regel war. In vielen Hotels fanden sich auch die Preise für Zimmer usw. angeschlagen und was dergleichen Dinge mehr sind. Aber im übrigen fand ich trotz der zahlreichen Faschisten in Uniform die Bevölkerung kaum verändert. Das dolce far niente war wenigstens in den Provinzstädten des Val Chiana genau noch so wie vor 40 Jahren, als ich zum erstenmal Italien betreten hatte. Möglicherweise hat sich seit 1931 mehr verändert, darüber fehlt mir ein Urteil. Beinahe 14 Tage konnte ich auf den Aufenthalt in diesem interessanten, vom Fremdenstrom bisher verschont gebliebenen Landstrich verwenden, dann ging es wieder der Heimat zu. Ich konnte es mir aber nicht verkneifen, einige Tage in Bozen zu verweilen. Wohl fand ich dort vieles seit 20 Jahren verändert, doch nicht in dem Maße, wie ich befürchtet hatte und wie es inzwischen nach den Berichten von Reisenden auch wirklich eingetreten ist. Nach den vielfach kalten Tagen, die ich in Toskana erlebt hatte, war der Aufenthalt im warmen Bozen recht behaglich.

Zu Pfingsten lockte natürlich der für Danzig angesetzte 29. Deutsche Geographentag zu einer Fahrt nach dem Osten. Vor der eigentlichen Tagung beteiligte ich mich an einer Vorexkursion in die mir aus meinem pommerschen Aufenthalt zum Teil schon bekannte Grenzmark, die sich aus Teilen der früheren preußischen Provinzen Westpreußen und Posen zusammensetzt. Sie endigte mit einem Besuch des altvertrauten Lebasees und des Bezirkes Lauenburg und erreichte auf diesem Wege Danzig. Bereits vor 30 Jahren habe ich in einem Aufsatz „Die Zukunft der Deutschen Geographentage", der in der Geographischen Zeitschrift Bd. 11 abgedruckt ist, den Satz ausgesprochen, daß die Zeit der großen Deutschen Geographentage gewesen ist, ein Satz, der bisher von niemand widerlegt worden ist. Der letzte wirklich große Deutsche Geographentag war in Bremen 1895, wo Graf Götzen über seine Durchquerung Zentralafrikas sprach und der Beschluß einer baldigen Entsendung einer deutschen wissenschaftlichen Südpolarexpedition auf Betreiben Neumayers gefaßt wurde. Nur die Karlsruher Tagung 1927 mit dem Vortrag von Kapitän zur See Dr. Fritz Spieß über die geographischen Ergebnisse der Meteorexpedition, die gerade fünf Tage vor der Sitzung pünktlich zurückgekehrt war, bildeten einen einsamen Höhepunkt in der Zeit nach der Bremer Tagung. In der ersten Danziger Tagung 1905 berichteten zwar einige Mitglieder der deutschen Südpolarexpedition unter von Drygalski über ihre wissenschaftlichen Ergebnisse, soweit sie bereits aus den bisherigen Bearbeitungen des umfangreichen Materialsvorlagen, aber das allgemeine Ergebnis war durch Veröffentlichungen in der politischen und wissenschaftlichen Presse bereits vorher bekannt. Selbstverständlich kann Niemandem aus der eingangs erwähnten Tatsache ein Vorwurf gemacht werden, sie liegt eben einmal darin, daß die Zeit der großen Entdeckungsreisen überhaupt vorüber ist und dann darin, daß Themata aus der allgemeinen Geographie seitdem auch in zahlreichen anderen Vereinigungen, vor allem in der Geographischen Sektion des Deutschen Naturforschertages, dann auch in meteorologischen, geologischen, ozeanologischen, geophysikalischen, neuerdings auch in limnologischen Spezialkongressen ausgerollt, diskutiert und zu weiteren Entschlüssen und Vorschlägen verarbeitet wurden. So blieb den Deutschen Geographentagen eigentlich nichts weiter übrig, als den Hauptwert auf das Wort „deutsch" zulegen und entweder ein der Örtlichkeit der Tagung nahe liegendes Thema in den Vordergrund zu stellen, wie es in Danzig durch die Behandlung der „Ostsee und ihre deutschen Küstenländer" geschah, oder, wie es drei Jahre später in Nauheim beliebt wurde, die Bildungs- und Erziehungsausgaben der Geographie im neuen Staat zum Hauptthema der Beratung zu machen.

Es ist dies, wie gesagt, ein durch die Verhältnisse durchaus begründeter, sozusagen selbstverständlicher Vorgang, gegen den sich zu stemmen, sehr töricht wäre. Aber der Deutsche Geographentag muß natürlich auch die Folgen dieses, ich wiederhole es, zur Zeit absolut notwendigen, Vorgangs tragen und die Tatsache als gegeben hinnehmen, daß er damit aus dem Rahmen einer rein wissenschaftlichen Tagung, in den er bisher eingespannt war, ausscheidet. Gleichzeitig möchte ich aber auch daraus hinweisen, daß, ganz im Sinne meiner vor 80 Jahren gemachten Vorschläge, die wissenschaftlichen Ausflüge auch bei der Danziger Tagung eine erfolgreiche und ausgedehnte Rolle gespielt haben. Ihr Besuch soll nach dem vorliegenden Bericht durchweg ein recht guter gewesen sein.

Der August des Jahres war nur in der ersten Woche vom Wetter begünstigt, welche ich in Freudenstadt und Umgebung zubrachte und dabei auch einen sehr interessanten kleinen See, den sogenannten „Bodenlosen See", unweit Horb, aufs Korn nehmen konnte, der sich als ein Einsturzsee entpuppte. Den Rest des Monats, der sich durch andauernde Regengüsse dem Sommerfrischler sehr unangenehm bemerkbar machte, verweilte ich zunächst in dem netten Oberdorf bei Hindelang im Allgäu, wo ich die Bekanntschaft einer Dame machte, die sich, ähnlich wie vor zwei Jahren in Fürsteneck, zu einer innigen Freundschaft vertiefte und mir zu einem wahren Trost in meiner geistigen Vereinsamung nach dem Tode meiner Frau wurde. In ihrer Familie habe ich inzwischen schon zweimal Gastfreundschaft genossen. Dann blieb ich einige Tage in dem sonst nur von katholischen Geistlichen besuchten Kurort Krumbad im bayrischen Schwaben, der in einem von Fremden sehr selten besuchten Gebiet liegt, etwa gleichweit von den Bahnlinien Augsburg-Ulm, Ulm- Memmingen, Memmingen-Buchloe-Augsburg. In dem sehr gut eingerichteten Kurbade werden außer den Gästen keine Weiblichkeiten geduldet; auch die Zimmermädchen z. B. sind hier männlichen Geschlechtes, machen aber ihre Sache recht gut. Die kleinen, unweit von dem Bade gelegenen Städte Krumbach und Kirchheim, dem größeren Reisepublikum gänzlich unbekannt, haben eine sehr hübsche Lage und sind außerdem wahre Juwelen mittelalterlicher Baukunst. –

Im folgenden Jahre (1932) machte ich im Frühjahr eine Reise nach dem „nahen Orient", worunter man jetzt im allgemeinen Ägypten, Palästina, Syrien und Kleinasien begreift. Die vom Wetter ungemein begünstigte Reise währte nur sechs Wochen und konnte sich nur auf die von Fremden meist ausgeführten Routen beschränken, Nur an ganz wenig Punkten ging sie darüber hinaus. Als wir in Genua am 9. März die Reise antraten, herrschte daselbst eine Kälte von -5° und die Mitreisenden – wir waren dieses Mal 14 Personen –, welche sich mit Winterkleidern versorgt hatten, ich war leider nicht unter ihnen, kamen auf ihre Rechnung. Aber schon in Neapel, wo der italienische Dampfer einen halben Tag anhielt, herrschte vollkommenes Frühlingswetter, das uns dann die ganze Reise über bis auf eine Ausnahme treu geblieben ist. Auch in Catania hielt sich dieser Dampfer einen halben Tag auf, welchen die Mehrzahl unserer Gesellschaft zu einem Autoausflug nach Syrakus benutzte. Er zeigte uns, was mir neu war, wie lebhaft der Straßenverkehr, wenigstens in diesem Teil Siziliens, geworden ist seit dem Vierteljahrhundert, das nach meinem ersten Besuch Siziliens verstrichen war. Vier Tage in Alexandrien und Kairo vermittelten eine, wenn auch nur dürftige Übersicht über die Merkwürdigkeiten beider Städte; die Bahnfahrt den Nil aufwärts nach Luxor gewährte weitere Aufschlüsse über Land und Volk und die drei Tage in Luxor und Umgebung wurden zur eingehenden Besichtigung der Tempelruinen und Gräber aus der Glanzzeit der Pharaonen gut und ohne Hast ausgenutzt. Die Temperatur war inzwischen recht sommerlich geworden, das Thermometer im Schatten des Hotels, das wir bewohnten, zeigte mittags 29° (am 21. März). Aber bei der trockenen Luft wurde diese Wärme durchaus nicht als drückend empfunden. Den Tag nach der Rückkehr nach Kairo benutzte ich vormittags zu einem Besuch der „Barrage" am Nil, bevor er sich in seine Mündungsarme teilt, nachmittags zu einem Besuch des Botanischen Gartens.

Die Bahn nach Jerusalem folgt bis Sidda dem Zuge Moses und seiner Begleiter von Ägypten nach Palästina. Bei El-Kantara wird er Suezkanal und damit die afrikanischasiatische Grenze überschritten, aber nicht auf einer Brücke, sondern mittels einer Fähre, aus der zur Nachtzeit die Passagiere des Schnellzuges und ihr Gepäck; verladen wurden, so gut es eben ging. Die Zoll und Paßkontrolle aus der asiatischen, jetzt zu England gehörenden Seite, mitten in der Nacht, war nicht nur langweilig und zeitraubend, sondern auch ziemlich streng. Vier Tage widmeten wir Jerusalem und seiner Umgebung, das Tote Meer natürlich eingeschlossen. Mit einer Empfehlung an den Direktor der Jerusalemer Wasserwerke, einem Ungarländer Deutschen mit Namen Koch, versehen, besichtigte ich in seiner Begleitung dieselben, welche in der Hauptsache sich noch heute auf die vor bald 3000 Jahren gemachten Einrichtungen der jüdischen Könige stützen. Dies war einer der wenigen Schritte, „abseits vom Wege", die ich während der Orientreise ausführen konnte.

Mit einem für die Reise bis nach Beirut von uns gemieteten, geräumigen Autoomnibus fuhren wir von Jerusalem durch ganz Palästina bis nach Nazareth in Galiläa, jedesmal dort haltmachend, wo es unseren Wünschen entsprach. Gegenüber Jerusalem und seiner Umgebung ist die Gegend von Nazareth, wo sehr viel Christen wohnen, der reine Garten. Wir merkten das sowohl aus unserer Tour nach dem Karmel mit prachtvoller Aussicht auf das hart am Mittelmeer gelegene Haifa, das bekanntlich jetzt alle Aussicht hat, ein Welthafen zu werden, und die schönen in Gärten versteckten Häuser der fast ausschließlich aus Württemberg stammenden deutschen Ansiedler, wie nachmittags auf der Fahrt nach Tiberius am See gleichen Namens. Auf meinen Anstoß hin besuchte die ganze Gesellschaft dort das neu entstandene Kraftwerk am Ausfluß des Sees, dessen Beamte überwiegend Deutsche sind. Gern hätte ich noch einen weiteren Tag am See verlebt, aber die Mehrzahl drängte weiter, und da ich mich ihr an-

144

schließen mußte, erreichte ich schon am folgenden Tage abends Damaskus. Die Fahrt über die französische Grenze – Syrien ist ja französisches Mandatsgebiet ist trotz einer gewissen Einförmigkeit sehr interessant und wird im Frühling belebt durch den herrlichen Blick aus den schneebedeckten Antilibanon. Von Damaskus aus fuhr uns der Chauffeur des Autos auf allgemeinen Wunsch etwa 70 km weit auf der Straße nach Bagdad bis zu einer Säule, auf welcher die Entfernung bis dahin (850 km) bezeichnet war. Hier lernten wir auch die große Verschiedenheit der Bodenzusammensetzung der syrischen und afrikanischen Wüste und die sozialen Einrichtungen eines echten Wüstendorfes trennen, auf die ich hier nicht näher eingehen kann. Hochbefriedigt kehrten wir am Abend zurück und fuhren am nächsten Morgen nach den sattsam bekannten Ruinen Baalbek, welche erst in der Stille des Abends einen wahrhaft erhobenen Eindruck aus uns machten. Dann ging es teilweise zurück und über den Libanon, wo in 2000 m Höhe noch reichlich Schnee lag, durch viele Drusendörfer hindurch hinab nach Beirut. Es war eine der schönsten Routen dieser Reise.

Der interessanteste Teil unseres Beiruter Aufenthaltes war ein Ausflug nach dem sogenannten Hundsfluß, etwa eine gute Autostunde von Beirut entfernt, wohin am Sonntag nachmittag sich viele Familien aus Beirut mit ihren Autos begeben hatten, um bei einem Täßchen arabischen Kaffees oder einem Glas Limonade sich stundenlang der Ruhe hinzugeben. Ich weiß nicht, wie die Wirte der Beiruter Ausflugslokale auf ihre Kosten kommen können! Wir stiegen nun wieder auf einen italienischen Dampfer, der uns allmählich der Heimat näherbringen sollte, machten in Tripolis, jetzt viel genannt als französischer Verschiffungspunkt des Mesopotamischen Petroleums, einen längeren Aufenthalt, den wir teilweise zum Besuch dieser echt orientalischen Stadt benutzten, dann ging es eine Nacht und einen Vormittag an Cypern vorbei, dessen hohe Bergspitzen man in der Ferne aufleuchten sah, nach Rhodos. Die Mehrzahl meiner Reisegenossen machte einen Rundgang durch die mittelalterlichen Befestigungen der Stadt, welche einst die Johanniter angelegt hatten und die jetzigen Besitzer, die Italiener, verständnisvoll sehr gut erhalten haben, und nahmen dann ein ausgiebiges Seebad in den klaren Fluten des Mittelmeeres, eine Minderzahl durchfuhr eilends in einem Auto die schöne waldreiche und gebirgige Umgegend der Stadt. Es war bisher der einzige Punkt und ist es auch bis zum Schluß unserer Reise in den Orient geblieben, der uns den Wunsch geweckt hat, hier einmal auf längere Zeit verweilen zu dürfen!

Die Umschiffung der Südwestecke Kleinasiens durch die Sporaden vollzog sich leider zur Nachtzeit, doch genossen wir die Durchfahrt zwischen der Insel Chios und dem Festlande bei Tage und landeten mittags in der tief ins Land eingeschnittenen Bucht von Smyrna. Hier sollte uns ein besonderer Genuß erwarten, es bot sich nämlich die Möglichkeit, mit einem Extrazug der Anatolischen Eisenbahn in etwa 2 Stunden nach der Station Ajapolus zufahren, von wo die Ruinen der alten Stadt Ephesus mit Auto in knapp 20 Minuten zu erreichen waren. Sie war etwa ½ Jahrtausend vor unserer Zeitrechnung wohl die bedeutendste Handelsstadt Kleinasiens und lag damals noch direkt am Meere, da, wo der Kaystros in dasselbe mündet. Die heutigen Ruinen liegen beinahe1 Stunde von ihm entfernt, da der Fluß allmählich immer mehr Land aufgeschwemmt hat. Nur ein kleiner Teil derselben ist bis jetzt ausgegraben, doch reicht dieser schon völlig aus, um die Größe der früheren Weltstadt erkennen zu lassen. Ich wartete mit ihrer Besichtigung so lange, bis sich unser Schwarm und eine andere größere französische Reisegesellschaft verlaufen hatten, dann ließ ich die erhabene Einsamkeit des Ortes, der einst eine Welt bedeutete, voll aus mich wirken.

Als unser Eisenbahnzug den Bahnhof von Smyrna wieder erreichte, tuteten schon die Sirenen des italienischen Dampfers,

146

und kaum hatten wir mit unseren Autos die Dampfschifflände erreicht und den Dampfer bestiegen, als er sich auch schon in Bewegung setzte. Mit einstündiger Verspätung fuhren wir ab und es ging mit beschleunigter Fahrt aus der Bucht heraus und an der großen Insel Lesbos vorbei, als längst schon der Abend herabgesunken war und uns jede Aussicht nahm. Als wir am nächsten Morgen erwachten, waren wir schon einen beträchtlichen Teil durch den Hellespont hindurchgefahren und konnten kaum noch einen Blick auf die Befestigungen werfen, die noch vom letzten Krieg stammten. Die Fahrt durch das Marmaranieer enttäuschte uns etwas, wir hatten es unsblauer vorgestellt. Mittags warfen wir vor der großen Brücke, dienach Perg führt, für zwei Tage in Konstantinopel Anker. Sie genügten uns für einen kurzen Einblicke in einige besonders hervorragende Sehenswürdigkeiten der Stadt, die jetzt von ihrem alten Ruhm zehrt, seitdem Ankara die Hauptstadt des neuen türkischen Reiches geworden ist. Das Innere der Hagia Sophia machte auf mich einen weit überwältigenderen Eindruck, als die Peterskirche in Rom, weil der Blick durch keine Einbauten abgelenkt wird. Sehr interessant war ein Ausflug mit der Straßenbahn durch die ganze Stadtbus an ihr dem Wasser entgegengesetztes Ende, weil man dabei zweimal durch fast unbebautes Terrain hindurchfährt. Es sind das die Stellen, in denen zur Zeit des Krieges große Feuersbrünste die Häuser in Asche gelegt haben, welche seitdem nicht wieder ausgebaut worden sind! Am Nachmittag des zweiten Tages machten wir alle einen Ausflug mit dem Dampfer durch den Bosporus bis zu einer Stelle, wo man einen freien Blick: auf das Schwarze Meer genießt; es war eine sehr lehr und abwechslungsreiche Fahrt. Am dritten Morgen besuchten wir noch einmal den Bazar, wo wir allerlei Überflüssiges einhauften. Es kostete aber auch nicht viel! Mit den Bazaren in Damaskus oder Kairo kann sich derjenige in Konstantinopel bei weitem nicht messen. Bei unserer Abfahrt aus Konstantinopel wehte ein recht halter Ostwind, der uns nötigte, bald den wärmenden Salon am Deeli auszusuchen. Das Wetter stand in einem merkwürdigen Gegensatz zu den in Luxor verlebten Sommertagen; freilich waren wir damals 20° südlicher gewesen und weit entfernt von den kühlen Fluten des Marmarameeres. Etwa 24 Stunden waren wir bis zum Piräus unterwegs. Die Fahrt ist in ihrer ersten Hälfte mit unserer Einfahrt in Konstantinopel identisch. Dann wendet sie sich mehr nach Westen, geht an der Insel Sliyros, die rechts bleibt, vorbei, zwischen der großen Insel Eubäa und der kleineren Andros hindurch, umschifft das mir von der Griechenlandreise wohl bekannte Kap Sunion und war um etwa 8 Uhr vormittags zu Ende. Die meisten von uns stürmten schleunigst zum Bahnhof der Verbindungsbahn nach Athen, um noch einen Blick auf die Akropolis zu tun. Ich hatte es nicht so eilig, da ich sie ja schon kannte, fuhr aber natürlich auch nach Athen hinauf, machte einen Spaziergang zur Universität und geriet unversehens in die Vorlesung eines mathematischen Professors, der über Analytische Geometrie des Raumes dozierte. Ich folgte eine Zeitlang ziemlich leicht seinen Ausführungen, da ja die mathematische Sprache eine internationale ist; dann aber war es Zeit. wieder den Stadtbahnhof der Piräusbahn aufzusuchen, was mir aber nur mithilfe eines freundlichen Einheimischen nach einiger Zeitversäumnis gelang. Auf dem Bahnhof in Piräus angelangt, fuhr ich in sausendem Galopp mit einem Auto zum Landungsplatz des Dampfers. Er tutete schon aus Leibeskräften und meine Reisekameraden sah ich händeringend am Landungssteg stehen, nach mir auszuschauen. Es war die allerhöchste Zeit, denn unmittelbar nach meiner Ankunft an Bord wurde die Landungstreppe aufgezogen und der Dampfer setzte sich in Bewegung! Es wäre natürlich für mich eine ebenso teure wie fatale Angelegenheit gewesen, wenn ich den Dampfer versäumt hätte! –

Schon gleich nach unserer Abfahrt hörten wir, daß wir nicht den kürzeren Weg durch den Kanal von Korinth nehmen konnten, weil er nämlich wieder einmal durch Einstürze verstopft war. Wir mußten also um den ganzen Peloponnes herumfahren, was uns mindestens einen halben Tag Verspätung einbrachte. Diese Verspätung konnte uns aber ganz gleichgültig sein, da wir ja mit ein und demselben Dampfer bis an sein Endziel Triest fuhren. Die Umfahrt um die Halbinsel brachte, solange es noch hell war, sehr schöne Ausblicke auf seine Küste. bis wir etwa um Mitternacht an seiner Südspitze Matapan vorbeifuhren. Die Nacht verlief gegen alles Erwarten ruhig und angenehm. Wir sollten um Mittag des nächsten Tages in Brindisi sein, aber infolge der Verspätung wurde es spätabends, als wir dortauf eine Stunde haltmachten. Infolgedessen kamen wir auch nicht um Mittag des nächsten Tages in Venedig an, sondern erst am Abend; ein Umstand, der für uns deswegen sich als günstig erwies, weil wir nun Zeit genug hatten. eine kleine abendliche bzw. nächtliche Rundtour durch den Canale grande und aus den Markusplatz zu machen,die einen sehr stimmungsvollen Abschluß unserer Orientreise bildete. Erst in der Frühe des nächsten Tages erreichten wir Triest, wo wir Hals über Kopf unsere Kabine verlassen mußten, da das Schiff am selben Abend wieder in See stechen sollte. Ich blieb mit einigen Reisekameraden bis zum Mittag in Triest und wir hatten noch Zeit für eine Fahrt nach Miramare. Dann ging es mit der Tauernbahn, Übernächtigung in Villach, unaufhaltsam nach Norden, wurden abends in München mit einem scheußlichen Schneewetter begrüßt und landeten am nächsten Tage wieder in Jena, das im allerdichsten Nebel lag!

Außerordentlich viel und vieles haben wir aus dieser Reise gesehen, aber im ganzen steht mir doch die griechische Reise in noch angenehmerer Erinnerung, weil sie einheitlicher und stofflich nicht so überladen war! Im September sollte wieder die Tagung der JLV stattfinden.und zwar diesmal in Amsterdam. Ich wählte daher meinen Sommeraufenthalt in einer Gegend zwischen Jena und dem Versammlungsorte, und zwar im Waldhof, eine halbe Stunde oberhalb der Station Fischbeck der Eisenbahnstrecke Hameln–Löhne. Das ehemalige Schlößchen aus dem 18. Jahrhundert ist aus ökonomischen Gründen in eine recht nette Sommerfrische umgewandelt, die hart am Rande ausgedehnter Waldungen liegt, welche sich bis Hameln und dem Süntelgebirge erstrecken. Elektrisches Licht gab es weder, noch Wasserleitung. Für die Sommergäste war unten im Flur ein Tisch aufgestellt, von dem jeder abends, wenn er zu Bett ging, seine Kerze nahm und sie anzündete, um sie am Morgen wieder hinunter zu tragen. Sowohl Wasch- wie Trinkwasser mußte von einer eine Viertelstunde tiefer gelegenen Quelle geholt werden, aber sonst war es dort sehr gemütlich, billig und nahrhaft! Die zwei Wochen, die ich dort oben in angenehmer Gesellschaft verbrachte, gingen schnell vorüber, und auf der Weiterreise nach Holland konnte ich auch meiner limnologischen Leidenschaft fröhnen, indem ich mich beinahe eine Woche an den Ufern des oft genannten, aber wenig bekannten Dümmer aufhielt ,der eine merkwürdig scharfe Grenzscheide zwischen oldenburgischem und hannoverschem Wesen bildet. Das Westufer hat stets zum Bistum Münster gehört und ist rein katholisch. während das Ostufer schon früh lutherisch wurde. Namentlich die oldenburgische Seite mit den Dammerbergen im Hintergrunde ist geologisch interessant, aber noch nicht kartiert. – Durch das Oldenburgische fuhr ich eine Strecke nordwärts bis zur Station Visbeck, wo vielleicht die schönsten Hünengräber Niedersachsens zu finden sind. Dann ging es weiter nach Cloppenburg, einer unglaublich langweiligen Stadt, und mit einer Schmalbahn direkt auf die ostfriesische Grenze zu. Aber schon vor derselben endigt die Bahn bei der Station Landesgrenze und man muß die Anschlußstation Werlte der Hümmlinger Kreisbahn zu Fuß aufsuchen. In diesem versteckten und menschenleeren Winkel – der Hümmlinger Kreis ist von den preußischen Landkreisen der dünnstbesiedelte und es wohnen nur 26 Menschen auf einem Quadratkilometer – weilte ich zwei sehr lohnende Tage, an denen die Einsamkeit des Moores mir gehörig an die Nieren ging. Dann ging es weiter auf einem niedlichen Bähnchen zu einer Station der Bahnstrecke Rheine-Emden und mit einem Auto quer durch das Burtanger Moor hinüber nach Ter Apel in Holland, einer besonders von Groningern sehr besuchten Sommerfrische. Gern hätte ich andiesem schönen Punkt noch einen Tag länger geweilt, doch das Wetter, das mir bisher sehr gewogen war, schlug um. Ich hielt es am geratensten, die Kleinbahn zu benutzen, die aus holländischem Boden nach Coevorden fährt, dem Endpunkt einer deutschen Zweigbahn, welche in Bentheim die Schnellzugsstrecke nach Amsterdam erreicht. So kam es, daß ich nach einer Übernachtung in Ter Apel am nächsten Abend schon in Amsterdam war und die zwanglose Begrüßung der Teilnehmer im Koningzaal der K. Zool. Gesellschaft ‚Natura Arstis Magistra" erleben konnte. Die Sitzungen der Tagung fanden fast sämtlich in dieser Gesellschaft statt, die unmittelbar an dem berühmten Zoologischen Garten liegt. In den Pausen zwischen den Sitzungen konnte man sich in diesem wundervollen Garten ergehen. Ein Ausflug nach der Zuidersee und über Haarlem nach Ymuiden boten reichlich Erholung von den durch Sitzungen ziemlich angefüllten Tagen.

Den Rückweg nahm ich über Nymegen, Cleve, Krefeld nach Köln, verlebte in der Familie meiner im Vorjahr in Oberndorf gewonnenen Freundin, welche in der Nähe am Rande eines großen Waldes rechts des Rheins ein Landhaus bewohnt, sehr angenehme Tage und fuhr dann wieder aus Umwegen nach Jena zurück.Im folgenden Jahre (1933) begab ich mich erst im Juli auf eine größere Reise, die mich diesmal in ein mir noch gänzlich unbekanntes Gebiet, nämlich den Westerwald, führte, den ich auf einer zweiwöchentlichen Fußtour ziemlich gründlich kennenlernte. Der Grund, gerade dies Gebirge zu besuchen, lag besonders in dem Wünsche, zu erfahren, was es eigentlich mit der Westerwalder Seenplatte unweit Marienberg für eine Bewandtnis habe. Es stellte sich heraus, daß diese sogenannte „Seenplatte" lediglich aus künstlichen Fischteichen besteht, also keine eigentlichen Seen birgt. Den Rückweg nahm ich zunächst wieder über den Wohnsitz meiner guten Freunde, unweit Köln, die ich schon im September vorigen Jahres besucht hatte, und lernte dabei einen mir bisher noch unbekannten Teil des Bergischen Landes kennen. Nach vierwöchentlicher Abwesenheit traf ich wieder in Jena ein. – Nach einem Erholungsaufenthalt in Bad Steben Ende Juli bis Mitte August ging es wieder aus die Wanderschaft, diesmal in nördlicher Richtung. Zunächst suchte ich mein altes Forschungsgebiet in Hinterpommern aus und konnte noch Freunde ausder Zeit von mehr als 30 Jahren besuchen, da ich fast ein Jahr in dieser Gegend geweilt hatte. Meine Absicht war, von da aus über Stettin nach Arendal in Norwegen zu fahren, wo ich ja schon zweimal in früheren Jahren bei meinem jungen Freund geweilt hatte. Aber auf Anraten eines Arztes, den ich unterwegs konsultierte, verzichtete ich leider aus diese Reise und begnügie mich dafür init einem vierzehntägigen Aufenthalt auf der schönen Insel Hiddensee, westlich von Rügen. Gewiß hat mir derselbe sehr gut getan, aber nachträglich bin ich doch davon überzeugt, daß ich die norwegische Reise recht gut hätte riskieren können. Der gewohnte Aufenthalt in Hamburg verlief bei geradezu phänomenal schönem Wetter, ebenso auch derjenige bei einem alten Neuhaldenslebener Schüler in der Altmark und in-Neuhaldensleben. Und wieder wie im Vorjahre traf ich am 15. September in Jena wieder ein. –

Ich möchte aber die Schilderung der Reise dieses Jahres nich schließen, ohne der angenehmen Tage zu gedenken, welche ich zusammen mit meiner Hausdame bei einem ihrer Verwandten im Waldeckschen, unweit Arolsen, einer außerordentlich typische ehemaligen kleinen Residenzstadt, zu Beginn meiner Reise in den Westerwald verbracht habe. –

Im Frühjahr des nächsten Jahres (1934) vollendete ich u. a. dieUntersuchung eines kleinen, aber sehr interessanten periodischen Sees.des Hungergrabens, unweit Roßla am Südfuß des Harzes, der ich bereits vor zwei Jahren einige Tage gewidmet hatte. Es war wohl die letzte auf rein sehundlichem Gebiet, denn mein Interesse hatte sich seit einigen Jahren mehr rein wasserwirtschsaftlichen Fragen zugewandt, die ja auch in meinen Vorlesungen einen immer breiteren Raum einnahmen. Besonders fesselte mich hier das sehr wichtige, aber auch sehr schwierige Problem der neueren Wasserwirtschaft, das Himmelswasser nicht, wie dies früher meist üblich war, so schnell und so ausgiebig wie möglich aus dem Festland zu entfernen und dem Meere zuzuführen, sondern im Gegenteil ihm möglichst lange zu erhalten, um den größtmöglichsten Nutzen aus ihm zu ziehen. Ich kann an dieser Stelle daraus nicht näher eingehen; in verschiedenen neueren Publikationen, die ich in populären und Fachzeitschriften veröffentlichte, habe ich versucht, dieses Problem der jetzt lebenden Generation näherzubringen, das namentlich durch die Frage der Arbeitsbeschaffung für Arbeitslose für die Gegenwart ein brennendes geworden ist. Im September stand wieder eine Tagung des ILV. in Aussicht.diesmal in Belgrad, und um den damit verbundenen Strapazen bei meinem vorgerückten Lebensalter genügend gewachsen zu sein, begab ich mich nach dem bayrischen Hochland, wo ich unter anderem in Tölz eine Woche verweilte und die Abstimmung über den bekannten Volksentscheid mitmachte. Das Wetter lud durchweg zu mannigfachen Ausflügen ein und recht erfrischt konnte ich am 25. August von München aus die Reise nach Belgrad über die Tauernbahn, Laibach und Agram antreten.

Schon bei meiner ersten Anwesenheit in Belgrad vor vier Jahren fiel mir die große Zahl recht geschmackvoll errichteter Gebäude für die verschiedenen Ministerien auf, deren Kosten die Jugoslawische Regierung aus dem von Deutschland bezogenen

Reparationsgeldern bestritten hatte. Seit der Zeit war auch die neue, von deutschen Ingenieuren und von deutschem Geld erbaute Brücke über die Donau fertig geworden. Sehr unterhaltend war eine Fahrt auf der Donau abwärts nach der alten Festung Semendria mit ihrem wohlerhaltenen, interessanten Festungsrondell, welche einen ganzen Nachmittag ausfüllte. Nach zweitägigen Sitzungen reiste der ganze Kongreß nach dem Süden, wo wir, die Nacht durchfahrend, am Vormittag in Monastir, jetzt Skoplje genannt, anlangten. – Viele von uns hatten bereits jetzt schon mehr oder weniger eingehende Bekanntschaft mit einer orientalischen Eigentümlichkeit, nämlich den Wanzen, gemacht. Ich selbst blieb, wie auch später, von ihnen vollkommen verschont. Von Monastir aus wurde nach eintägigem Aufenthalt eine 600 km lange Autofahrt unternommen, welche durch das malerische Radihotal, über Debar und das Drimtal nach Strusga und Ohrid führte, das für die nächsten drei Tage unser Hauptquartier wurde. Unterwegs waren wir in dem in den Bergen ganz versteckt liegenden alten Kloster St. Jooan Bigorski Mittagsgäste der gastlichen Mönche gewesen.

Wir waren zusammen etwa 110 Personen, davon etwa 20 weiblichen Geschlechtes, welche sich auf fünf Omnibusse verteilten, und es war nicht leicht, sie alle in dem kleinen Städtchen am See unterzubringen, das gerade um diese Zeit eine beliebte Sommerfrische für die Südslawen ist. Einigen Bekannten, die in einem Privatquartier untergebracht waren, passierte bei ihrer Rückkehr am Abend das Pech, daß sie in das Frauengemach des Besitzers – Ohrid wird überwiegend von Mohammedanern bewohnt – gerieten. Indessen klärte sich die Angelegenheit, die im ersten Augenblick sich ziemlich unangenem ausnahm, sehr bald zu aller Zufriedenheit auf.

Der Ohridasee, nicht viel kleiner als der Gardasee, war mit seiner Umgebung für uns Seenforscher, die nicht so leicht in diese Winkel Europas sonst eindringen, ein wahres Fressen, das wir gründlich genossen. Einen Glanzpunkt bildete das Kloster von St. Naum am Südende des Sees, das sich der im Herbst des Jahres ermordete König von Serbien mit seiner Frau häufig zum Sommeraufenthalt auswählte. Am 3. September fuhren wir über das durch seinen Reichtum an Obst berühmte Resan durch schöne bewaldete Berglandschaft zum Prespasee, den etwas kleineren Konkurrenten des Ohridasees, welcher wie jener hart an der montenegrinischen Grenze liegt und daher eine Marinestation besitzt, deren Gäste wir waren. Am Nachmittag fuhren wir über verschiedene Pässe nach der Stadt Bitolj, wo Morgen- und Abendland sich begegnen. Während die Türkei eifrig bestrebt ist, alle morgenländischsen Allüren abzustreisen, ist dies in Südslawien, dessen südlichster Teil ganz überwiegend von Mohammedanern bewohnt wird, glücklicherweise nicht der Fall. Eine Autofahrt von etwa 170 km führte uns am nächsten Tage über das romantisch gelegene Prilepp, wo wir Gelegenheit hatten, die Tabakkultur zu studieren, und den lebhaften Ort Vele stets in abwechslungsreicher, stark koupierter Gegend nach Monastir zurück, das uns nach der wilden Einsambeit der albanischen Grenzgebiete wie ein kleines Paris anmutete.

Am nächsten Morgen begann der zweite Teil unserer großen Exkursion. Unser Fahrpark hatte sich noch durch das Privatauto dreier englischer Mitglieder unseres Kongresses vermehrt, das die nächsten beiden Tage mit uns zusammen fuhr. Während aber dasselbe die Fahrstraße nach Norden benutzte, fuhren wir mit der Bahnnach Mitrovica. Wir brauchten zu den 123 km nicht weniger als vier Stunden, denn da der Zug nur zweimal am Tage fährt, war er stark besetzt und an den Stationen gab es langen Aufenthalt, bis er sich wieder in Bewegung setzte. Wir hatten dabei Gelegenheit, ein eigentümliches Kleidungsstück zu bewundern, das sowohl Männlein wie Weiklein trugen. Es hatte eine gewisse Ähnlichbeit mit einem Sack, wurde auf dem Rücken getragen und diente vermutlich als Behälter für eingekaufte

Sachen. Mitrovica galt bis zum Kriege sozusagen als Ende der Welt; nördlich und westlich von dem Ort, der damals an der Grenze der Türkei und Serbien lag, war die Gegend für den Reisenden wegen der Raubzüge sehr gefährlich. Jetzt aber führte eine ausgezeichnete Autostraße mitten durch diese Gegend hindurch, im Süden der mächtig aufragenden Albanischen Alpen. Serbien hat in den letzten Jahren hier Tausende von Kolonisten angesetzt, wo früher eine menschenleere Einöde war. Am Nachmittag erreichten wir den ersten größeren Ort der Provinz Montenegro, jetzt Peč, zur Türkenzeit Jpek genannt, der ganz und gar orientalischen Charakter trägt. Der größere Teil unserer Reisegesellschaft wurde, da das einzige Hotel des Städtchens ziemlich klein war, in dem hart an der albanischen Grenze liegenden, von einem großen Kastanienwald umgebenen Kloster Visoki Dečani untergebracht. Da es früher häufig Besuch von albanesischen Räubern erhielt, war es stark befestigt. Gemeinsam mit dem Prior des Klosters verbrachten wir einen außerordentlich interessanten Abend in dessen Refektorium. Wir waren zwar in nur sehr dürftig ausgestatteten Klosterzellen untergebracht, dafür hatten wir aber, im Gegensatz zu unseren Gefährten in Peck, nicht unter Wanzen zu leiden. Dieser Abend und die erste Hälfte der Autofahrt, die uns am nächsten Morgen durch ein kanonartiges Defilee führte, in dem ein Fluß sich tief in die nordalbanischen Alpen eingegraben hatte, bildeten wohl den Glanzpunkt unserer Exkursion überhaupt. Auf der Weiterfahrt begriffen wir zuerst die Bedeutung des Wortes Montenegro, zu deutsch: „SchwarzerBerg". Denn ein Kranz von schwarzen Wäldern, entsprechend unserem Schwarzwald beherrscht. im Gegensatz zum westlichen Teil des Landes, seinen östlichen, weit volkreicheren Teil. –

In Podgorica endigte zunächst unsere gemeinsame Autofahrt und wir fuhren, nachdem wir uns von der langen Autoreise (160 km) etwas erholt hatten mit einer kleinen, im Weltkriege von den Deutschen erbauten Bahn zum größten See der Bakianhalbinsel, dem Skutarisee, zugleich dem einzigen, der von Dampfschiffen befahren wird. Sein Nordende erinnert einigermaßen an die Fjorde Westnorwegens, während die Südhälfte, die wir nicht besehen durften, weil sie zu Albanien gehört, von einer sehr fruchtbaren Ebene eingefaßt wird. – Während ein Teil von uns noch am gleichen Abend bis nach Cetinje, der Hauptstadt Montenegros, mit dem Auto fuhr, verblieb der andere Teil. zu dem auch ich gehörte, die Nacht noch in Podgorica. Wie wir am anderen Morgen, nachdem wir uns in Cetinje vereinigt hatten, erfuhren, haben wir bei weitem den Vogel abgeschossen. Denn erstens sahen wir die großartige Landschaft vom See bis nach Cetinje bei vollem Tageslichte, während die anderen in völliger Finsternis den Weg zurücklegen mußten, und dann entsprach die Unterkunft in dem „Grand Hotel" in Cetinje in keiner Weise dem großartigen Namen, sondern erwies sich als ein Wanzenloch allerersten Ranges! –

Ich habe mich etwas lange bei diesem Teil der Reise aufgehalten.weil sie durch ein von Reisenden noch sehr wenig besuchtes Gebiet führt. Ich kann mich jetzt wesentlich kürzer fassen, da die von nun ab berührten Gebiete allgemein bekannt sind. Die Kehren der Straße, die von Cetinje die über 1000 m betragende Höhendifferenz bis Cattaro am Adriatischen Meer überwindet, sind weltbekannt. Weniger bekannt vielleicht die wundervolle Straße, die, oft im Angesicht des Meeres, oft mehrfach auch landeinwärts führend, schließlich in dem vielgenannten Ragusa mündet. Die Dampferfahrt, die uns mit dem ganz modernen Dampfer „Kronprinz Peter" an der dalmatinischen Küste entlang nach Spalato führte, kann als bekannt angesehen werden. – In Spalato durften wir das neue jugoslawische Institut für Meereskunde unter Führung seines Direktors eingehend besichtigen und hätten darüber beinahe das Mittagessen in Spalato versäumt, wenn uns nicht die Chauffeure der Autos energisch zur Rückkehr in die Stadt ermahnt hätten. Bei einem köstlichen Seebad, der

Besichtigung des Diokletianpalastes und einem Dainpferausflug nach dem mittelalterlichen Trogir verlief der Nachmittag und Abend des Tages höchst angenehm. Eine lange Eisenbahnfahrt brachte uns am nächsten Tage über das Plateau des dinarischen Karstes nach der Station Vrhovine, von wo es mit Auto nach dem berühmten Plitvicer Seen ging, wo wir zwei Tage in dem ausgezeichneten Berghotel übernachten und die sowohl limnologisch wie geologisch äußerst interessanten Seen – es sind ungefähr ein Dutzend – unter Führung ihres besten Kenners, Prof. Pevalek, eingehend besichtigen konnten. Damit waren wir schon wieder in Kroatien angelangt, zu dessen Hauptstadt Agram uns die Fortsetzung der Bahn an dem übernächsten Abend führte. Hier fand am 12. September in Anwesenheit hoher südslawischer Behörden und Institutionen die Schlußssitzung des Kongresses statt, auf der verkündet wurde, daß die nächste Tagung in zwei Jahren in Paris sein sollte. Ihren Ausklang fand die diesjährige Tagung in Laibach, wo ganz am Schluß sich noch einige Teilnehmer in Lebensgefahr brachten, als sie in eine Höhle kletterten, deren Zugang durch den Regen des letzten Tages äußerst schlüpfrig war. Den gewohnten Weg über die Tauernbahn ging es zurück nach München und, nach dem üblichen Besuch in Thierhaupten, nach Jena.

Ich hätte diese durch ihre Länge immerhin ziemlich anstrengende Reise vielleicht nicht durchhalten hönnen, jedenfalls nicht in so völliger Frische, wenn nicht meine Reisegefährten miteinander gewetteifert hätten, mir als Senior der Gesellschaft alle Schwierigkeiten, die sich in den Weg stellen wollten, hinwegzuräumen. Dafür sei ihnen auch an dieser Stelle herzlich Dank gesagt.

Seit meiner großen Südslawienreise verlief bis heute mein äußeres Leben in wesentlich ruhigeren Bahnen.

Im Mai des folgenden Jahres (1935) reiste ich über Mannheim, wo ich längeren Aufenthalt bei einem meiner griechischen

Reisegefährten nahm, nach Liebenzell im württembergischen Schwarzwald, um dort einen längeren Badeaufenthalt zu genießen. Die Rückfahrt gestaltete sich dank der Liebenswürdigkeit eines Höheren Beamten der Württembergischen Wasserversorgung sehr interessant, insofern er mich aus eine Dienstreise zu verschiedenen Orten der Schwäbischen Alb mitnahm, deren Wasserverhältnisse bis in die neuere Zeit hinein recht ungünstige gewesen waren. In Heidenheim an der Brenz, wo die weitaus größte Turbinenfabrik Deutschlands, eine der leistungsfähigsten der Welt, Voit & Co., zu Hause ist, in Weikersheim mit seinem ewig schönen Schloßpark, in Würzburg bei lieben alten Bekannten, endlich in Oberhof wurde noch ein längerer Aufenthalt genommen, dann traf ich endlich nach fünfwöchentlicher Abwesenheit in Jena wieder ein. Da ich im Sommer keine Vorlesung halte, war ich in bezug auf die Zeit mein vollkommen freier Herr.

Gern hätte ich in diesem Sommer endlich meinen schon öfter aufgeschobenen Besuch in Norwegen ausgeführt und darin die Insel Bornholm eingeschlossen, doch ich hatte wieder Pech. Diesmal war die leidige Devisenangelegenheit das Hindernis; d. h. ich bekam wohl Erlaubnis, eine genügende Summe in Kronen umwechseln zudürfen, doch traf sie leider erst an demjenigen Tage ein, an dem der letzte Bornholmdampfer von Rügen abfuhr!

So mußte ich mich mit einem längeren Aufenthalt an der Ostsee- und Nordseeküste begnügen. Er verschaffte mir freilich die Gelegenheit, einige Gegenden näher kennenzulernen, die mir bis dahin noch unbekannt geblieben waren, so das Fischland im östlichsten Mecklenburg, den Darß an der mecklenburgisch-pommerschen Grenze und die schleswig-holsteinische Westküste an der dänischen Grenze bis an die Elbe, doch blieb nur der zuletzt genannte Landstrich mir als eine Art vollwertiger Ersatz zurück insofern, als ich mit Erlaubnis des Regierungspräsidenten in Schleswig Gelegenheit hatte, die umfangreichen Eindeichungsarbeiten unter kundiger Führung im einzelnen in Augenschein zu nehmen. Die üblichen Aufenthalte in Hamburg und Umgegend, Neuhaldensleben und Magdeburg schlossen die diesjährigen Reisen angenehm ab. –

Die in diesen Blättern geschilderten Ausflüge und Reisen bilden nur einen gewissen Teil der wirklich ausgeführten, deren Darstellung den Leser ermüden und ihm auch schwerlich neues bieten würde. Ich darf sagen, daß ich unser deutsches Vaterland besser kenne als weitaus die Mehrzahl meiner Zeitgenossen; wo nur eben die Gelegenheit dazu vorhanden war, machte ich unterwegs Abstecher nach Punkten, die nach irgendeiner Richtung ein besonderes Interesse für mich boten. Das Wasser in allen seinen Formen zog mich natürlich dabei am meisten an.

Meinen vielen Reisen kam in allererster Linie mein vielseitiges Interesse zugute, sodann meine körperliche Rüstigkeit, die mich erst in den allerletzten Jahren etwas verlassen hat, ferner eine ziemlich bedeutende Genügsamkeit in allen leiblichsen Genüssen und eine Fähigkeit, sich auch in unangenehme Situationen verhältnismäßig leicht und schnell zu schicken. Nur in bezug auf Unterkunftsverhältnisse bin ich in den letzten Jahren merklich empfindlicher und wählerischer geworden, doch schlafe ich auch in fremden Betten im allgemeinen noch immer recht gut.

X. Übersicht über meine wissenschaftlichen Studien

Es erübrigt jetzt noch, über meine wissenschaftlichen Studien-mich im Zusammenhang etwas näher zu verbreiten.Was zunächst meine seenkundlichen Arbeiten betrifft, die ja durchaus immer im Mittelpunkt meiner Studien seit dem Jahre 1894 standen, so bezogen sie sich zuerst auf die Erforschung der Gestalt der Binnenseen, insonderheit ihrer Tiefen und daraus abzuleitenden allgemeinen morphometrischen Verhältnisse und Zusammenfassung der daraus bezüglichen Resultate. Sie finden sich erstmalig vereinigt in meinem Buche: „Die Seen der Erde"; doch ist diese Zusammenstellung schon deswegen unzureichend, weil sie mit dem Jahre 1921 abschließt und seitdem die Gestalt vieler in jenem Buche noch nicht erwähnter Seen festgestellt wurde. Dazu kommt noch, daß sie sich wesentlich aus Seen beschränkt, deren Areal zum mindesten 1 qkm erreicht, kleinere also außer Betracht ließ.

Diese Arbeiten sind keineswsegs eine wissenschaftliche Spielerei, für welche sie in früheren Zeiten oft angesehen wurden, sondern haben eine grundlegende Bedeutung für viele Zweige der Seenkunde. Zunächst geben sie in sehr vielen Fällen entscheidenden Ausschluß über die Entstehung der Seen, sodann üben sie einen fundamentalen Einfluß auf ihre thermischen Verhältnisse aus, wie ich dies zuerst im Gegensatz nicht selten zu Forels und Brückners Anschauungen, ich glaube mit einigem Erfolg, nachgewiesen habe, und endlich sind sie, wie dies zuerst

Thienemann erwiesen hat, für das chemische und biologische Verhalten der Seen ausschlaggebend. Über diese drei Ergebnisse besteht wohl zur Zeit unter den Fachleuten kaum noch eine Meinungsverschiedenheit.

Ein weiteres Feld meiner seenkundlichen Forschungen bildet die gesamte Thermik der Seen, die eine unendliche Mannigfaltigkeit der Erscheinungen in sich birgt und gerade in der letzten Zeit der Gegenstand sehr eingehender Untersuchungen in vielen Gegenden der Erde gewesen ist.

Eine Anwendung der Ergebnisse dieser Arbeiten auf klimatische Fragen habe ich mehrfach unternommen in der Erkenntnis, daß sie für diese Fragen wertvoller und sicherer sind als die Feststellung der Wasserstandsschwankungen, für welche noch Brückner in seinem bekannten Hauptwerk eingetreten war, da sich gezeigt hat, daß andere Faktoren eine größere Rolle spielen, als Veränderungen des Klimas.

Weiter wandte ich mich auch den Erforschungen der bekanntenSeespiegelschwankungen (seiches) zu, namentlich in ihrem Zusammenhang mit anderen rhythmischen Bewegungen des Wassers (Temperaturwellen, Strömungen usw.). Auch aus diesem Gebiet haben neuerdings Beobachtungen eingesetzt, welche neues Licht in dies immer noch dunkle Forschungsgebiet zu bringen geeignet sein dürften.

Endlich beschäftigte ich mich auch mit Fragen des Wasserhaushaltes der Seen, namentlich in Zusammenhang mit ihrer Biotopik.

Meine Studien wandten sich ferner, namentlich in den letztenJahrzehnten, noch drei anderen Problemen zu, die mit der Seenkunde als solcher in keinem unmittelbaren Zusammenhang stehen, nämlich einmal der Bedeutung des Grundwassers im jährlichen Wasserhaushalt der Erde, sodann der Erörterung der Frage, ob die Erdoberfläche, wenigstens teilweise, sich im Zustand der Austrocknung befinde, und wenn ja, aus welche Ursachen dieselbe zurückzuführen sei und endlich der Durchsetzung des Prinzips, den Wasservorrat unserer Erdoberfläche möglichst schonend auszunutzen im Gegensatz zu dem Raubbau dieser Vorräte, wie er bis vor wenig Jahrzehnten noch allgemein üblich war.

Inwieweit meine Studien die angedeuteten Probleme wirklich gefördert haben oder nicht, diese Frage zu beantworten steht mir nicht zu, sondern ich muß sie der fachlichen Kritik überlassen, die ja in vielen Fallen bereits eingesetzt hat.

Meine Lebenzerinnerungen schließe ich mit dem Dank an Gott, der mich die wunderbar schöne Zeit des Aufstiegs unserer Nation nach dem Tiefstand, welcher nach Schluß des Weltkrieges eingesetzt hatte, noch erleben ließ, dem innigen Wunsch, daß ein solcher nie wieder kehren möchte, endlich mit der festen Hoffnung, daß eine vernunftmäßige Betrachtung der Dinge auf der Welt immermehr wachse, nicht bloß bei uns, sondern auch bei allen Völkern des Erdball.

Das walte Gott!

Ebenfalls im SEVERUS Verlag erhältlich:

Moritz von Rohr
Joseph Fraunhofers
Leben, Leistungen und Wirksamkeit
SEVERUS 2010 / 250 S. / 39,50 Euro
ISBN 978-3-86347-015-9

Joseph Fraunhofer war der Begründer der deutschen Optik und des Fernrohr-
baus, der Erfinder des Spektroskops und ein Meister der Symbiose von exakter
Wissenschaft und praktischer Anwendung. Als 11. Kind einer Handwerkerfa-
milie und ausgebildet zum Spiegelmacher und Zierarten-Glasschleifer brachte
sich Fraunhofer vieles selbst bei, doch seine bedeutenden Leistungen brachten
ihn spät noch zu Adel und Ehrenbürgertum.

Moritz von Rohr setzt dem weltbekannten Pionier mit diesem Werk ein Ehren-
mal. Er führt den Leser in einer reich bebilderten Studie durch Leben und
Schaffen des leidenschaftlichen Forschers, der mit seiner Arbeit das Handwerk
des Optikers nachhaltig prägte.

Bisher im SEVERUS Verlag erschienen:

Achelis. Th. Die Entwicklung der Ehe * Die Religionen der Naturvölker im Umriß, Reihe ReligioSus Band V * **Andreas-Salomé, Lou** Rainer Maria Rilke * **Arenz, Karl** Die Entdeckungsreisen in Nord- und Mittelafrika von Richardson, Overweg, Barth und Vogel * **Aretz, Gertrude (Hrsg)** Napoleon I - Briefe an Frauen * **Ashburn, P.M** The ranks of death. A Medical History of the Conquest of America * **Avenarius, Richard** Kritik der reinen Erfahrung * Kritik der reinen Erfahrung, Zweiter Teil * **Beneke, Otto** Von unehrlichen Leuten: Kulturhistorische Studien und Geschichten aus vergangenen Tagen deutscher Gewerbe und Dienste * **Berneker, Erich** Graf Leo Tolstoi * **Bernstorff, Graf Johann Heinrich** Erinnerungen und Briefe * **Bie, Oscar** Franz Schubert - Sein Leben und sein Werk * **Binder, Julius** Grundlegung zur Rechtsphilosophie. Mit einem Extratext zur Rechtsphilosophie Hegels * **Bliedner, Arno** Schiller. Eine pädagogische Studie * **Birt, Theodor** Frauen der Antike * **Blümner, Hugo** Fahrendes Volk im Altertum * **Boos, Heinrich** Geschichte der Freimaurerei. Ein Beitrag zur Kultur- und Literatur-Geschichte des 18. Jahrhunderts * **Brahm, Otto** Das deutsche Ritterdrama des achtzehnten Jahrhunderts: Studien über Joseph August von Törring, seine Vorgänger und Nachfolger * **Brandes, Georg** Moderne Geister: Literarische Bildnisse aus dem 19. Jahrhundert. * **Braun, Lily** Lebenssucher * **Braun, Ferdinand** Drahtlose Telegraphie durch Wasser und Luft * **Brunnemann, Karl** Maximilian Robespierre - Ein Lebensbild nach zum Teil noch unbenutzten Quellen * **Büdinger, Max** Don Carlos Haft und Tod insbesondere nach den Auffassungen seiner Familie * **Burkamp, Wilhelm** Wirklichkeit und Sinn. Die objektive Gewordenheit des Sinns in der sinnfreien Wirklichkeit * **Caemmerer, Rudolf Karl Fritz Die** Entwicklung der strategischen Wissenschaft im 19. Jahrhundert * **Casper, Johann Ludwig** Handbuch der gerichtlich-medizinischen Leichen-Diagnostik: Thanatologischer Teil, Bd. 1 * Bd. 2 * **Cronau, Rudolf** Drei Jahrhunderte deutschen Lebens in Amerika. Eine Geschichte der Deutschen in den Vereinigten Staaten * **Cunow, Heinrich** Geschichte und Kultur des Inkareiches * **Cushing, Harvey** The life of Sir William Osler, Volume 1 * The life of Sir William Osler, Volume 2 * **Dahlke, Paul** Buddhismus als Religion und Moral, Reihe ReligioSus Band IV * **Dühren, Eugen** Der Marquis de Sade und seine Zeit. in Beitrag zur Kultur- und Sittengeschichte des 18. Jahrhunderts. Mit besonderer Beziehung auf die Lehre von der Psychopathia Sexualis * **Eckstein, Friedrich** Alte, unnennbare Tage. Erinnerungen aus siebzig Lehr- und Wanderjahren * Erinnerungen an Anton Bruckner * **Eiselsberg, Anton Freiherr von** Lebensweg eines Chirurgen * **Eloesser, Arthur** Thomas Mann - sein Leben und Werk * **Elsenhans, Theodor** Fries und Kant. Ein Beitrag zur Geschichte und zur systematischen Grundlegung der Erkenntnistheorie. * **Engel, Eduard** Shakespeare * Lord Byron. Eine Autobiographie nach Tagebüchern und Briefen. * **Ewald, Oscar** Nietzsches Lehre in ihren Grundbegriffen * Die französische Aufklärungsphilosophie * **Ferenczi, Sandor** Hysterie und Pathoneurosen * **Fichte, Immanuel Hermann** Die Idee der Persönlichkeit und der individuellen Fortdauer * **Fourier, Jean Baptiste Joseph Baron** Die Auflösung der bestimmten Gleichungen * **Frazer, James George** Totemism and Exogamy. A Treatise on Certain Early Forms of Superstition and Society * **Frey, Adolf** Albrecht von Haller und seine Bedeutung für die deutsche Literatur * **Frimmel, Theodor von** Beethoven Studien I. Beethovens äußere Erscheinung * Beethoven Studien II. Bausteine zu einer Lebensgeschichte des Meisters * **Fülleborn, Friedrich** Über eine medizinische Studienreise nach Panama, Westindien und den Vereinigten Staaten * **Gmelin, Johann Georg** Quousque? Beiträge zur soziologischen Rechtfindung * **Goette, Alexander** Holbeins Totentanz und seine Vorbilder * **Goldstein, Eugen** Canalstrahlen * **Graebner, Fritz** Das Weltbild der Primitiven: Eine Untersuchung der Urformen weltanschaulichen Denkens bei Naturvölkern * **Griesinger, Wilhelm** Handbuch der speciellen Pathologie und Therapie: Infectionskrankheiten * **Griesser, Luitpold** Nietzsche und Wagner - neue Beiträge zur Geschichte und Psychologie ihrer Freundschaft * **Hanstein, Adalbert von** Die Frauen in der Geschichte des Deutschen Geisteslebens des 18. und 19. Jahrhunderts * **Hartmann, Franz** Die Medizin des Theophrastus Paracelsus von Hohenheim * **Heller, August** Geschichte der Physik von Aristoteles bis auf die neueste Zeit. Bd. 1: Von Aristoteles bis Galilei * **Helmholtz, Hermann von** Reden und Vorträge, Bd. 1 * Reden und Vorträge, Bd. 2 * **Henker, Otto** Einführung in die Brillenlehre * **Henne am Rhyn, Otto** Aus Loge und Welt: Freimaurerische und kulturgeschichtliche Aufsätze * **Jahn, Ulrich** Die deutschen Opfergebräuche bei Ackerbau und Viehzucht. Ein Beitrag zur Deutschen Mythologie und Altertumskunde * **Kalkoff, Paul** Ulrich von Hutten und die Reformation. Eine kritische Geschichte seiner wichtigsten Lebenszeit und der Ent-

scheidungsjahre der Reformation (1517 - 1523), Reihe ReligioSus Band I * **Kaufmann, Max** Heines Liebesleben * **Kautsky, Karl** Terrorismus und Kommunismus: Ein Beitrag zur Naturgeschichte der Revolution * **Kerschensteiner, Georg** Theorie der Bildung * **Kotelmann, Ludwig** Gesundheitspflege im Mittelalter. Kulturgeschichtliche Studien nach Predigten des 13., 14. und 15. Jahrhunderts * **Klein, Wilhelm** Geschichte der Griechischen Kunst - Erster Band: Die Griechische Kunst bis Myron * **Krömeke, Franz** Friedrich Wilhelm Sertürner - Entdecker des Morphiums * **Külz, Ludwig** Tropenarzt im afrikanischen Busch * **Leimbach, Karl Alexander** Untersuchungen über die verschiedenen Moralsysteme * **Liliencron, Rochus von / Müllenhoff, Karl** Zur Runenlehre. Zwei Abhandlungen * **Mach, Ernst** Die Principien der Wärmelehre * **Mackenzie, William Leslie** Health and Disease * **Maurer, Konrad** Island von seiner ersten Entdeckung bis zum Untergange des Freistaats * **Mausbach, Joseph** Die Ethik des heiligen Augustinus. Erster Band: Die sittliche Ordnung und ihre Grundlagen * **Mauthner, Fritz** Die drei Bilder der Welt - ein sprachkritischer Versuch * **Meissner, Franz Hermann** Arnold Böcklin * Meyer, Elard Hugo Indogermanische Mythen, Bd. 1: Gandharven-Kentauren * **Müller, Adam** Versuche einer neuen Theorie des Geldes * **Müller, Conrad** Alexander von Humboldt und das Preußische Königshaus. Briefe aus den Jahren 1835-1857 * **Naumann, Friedrich** Freiheitskämpfe * **Oettingen, Arthur von** Die Schule der Physik * **Ossipow, Nikolai** Tolstois Kindheitserinnerungen. Ein Beitrag zu Freuds Libidotheorie * **Ostwald, Wilhelm** Erfinder und Entdecker * **Peters, Carl** Die deutsche Emin-Pascha-Expedition * **Poetter, Friedrich Christoph** Logik * **Popken, Minna** Im Kampf um die Welt des Lichts. Lebenserinnerungen und Bekenntnisse einer Ärztin * **Prutz, Hans** Neue Studien zur Geschichte der Jungfrau von Orléans * **Rank, Otto** Psychoanalytische Beiträge zur Mythenforschung. Gesammelte Studien aus den Jahren 1912 bis 1914. * **Ree, Paul Johannes** Peter Candid * **Rohr, Moritz von** Joseph Fraunhofers Leben, Leistungen und Wirksamkeit * **Rubinstein, Susanna** Ein individualistischer Pessimist: Beitrag zur Würdigung Philipp Mainländers * Eine Trias von Willensmetaphysikern: Populär-philosophische Essays * **Sachs, Eva** Die fünf platonischen Körper: Zur Geschichte der Mathematik und der Elementenlehre Platons und der Pythagoreer * **Scheidemann, Philipp** Memoiren eines Sozialdemokraten, Erster Band * Memoiren eines Sozialdemokraten, Zweiter Band * **Schleich, Carl Ludwig** Erinnerungen an Strindberg nebst Nachrufen für Ehrlich und von Bergmann * Das Ich und die Dämonien * **Schlösser, Rudolf** Rameaus Neffe - Studien und Untersuchungen zur Einführung in Goethes Übersetzung des Diderotschen Dialogs * **Schweitzer, Christoph** Reise nach Java und Ceylon (1675-1682). Reisebeschreibungen von deutschen Beamten und Kriegsleuten im Dienst der niederländischen West- und Ostindischen Kompanien 1602 - 1797. * **Schweitzer, Philipp** Island - Land und Leute * **Sommerlad, Theo** Die soziale Wirksamkeit der Hohenzollern * **Stein, Heinrich von** Giordano Bruno. Gedanken über seine Lehre und sein Leben * **Strache, Hans** Der Eklektizismus des Antiochus von Askalon * **Sulger-Gebing, Emil** Goethe und Dante * **Thiersch, Hermann** Ludwig I von Bayern und die Georgia Augusta * Pro Samothrake * **Tyndall, John** Die Wärme betrachtet als eine Art der Bewegung, Bd. 1 * Die Wärme betrachtet als eine Art der Bewegung, Bd. 2 * **Virchow, Rudolf** Vier Reden über Leben und Kranksein * **Vollmann, Franz** Über das Verhältnis der späteren Stoa zur Sklaverei im römischen Reiche * **Volkmer, Franz** Das Verhältnis von Geist und Körper im Menschen (Seele und Leib) nach Cartesius * **Wachsmuth, Curt** Das alte Griechenland im neuen * **Weber, Paul** Beiträge zu Dürers Weltanschauung * **Wecklein, Nikolaus** Textkritische Studien zu den griechischen Tragikern * **Weinhold, Karl** Die heidnische Totenbestattung in Deutschland * **Wellhausen, Julius** Israelitische und Jüdische Geschichte, Reihe ReligioSus Band VI ***Wellmann, Max** Die pneumatische Schule bis auf Archigenes - in ihrer Entwickelung dargestellt * **Wernher, Adolf** Die Bestattung der Toten in Bezug auf Hygiene, geschichtliche Entwicklung und gesetzliche Bestimmungen * **Weygandt, Wilhelm** Abnorme Charaktere in der dramatischen Literatur. Shakespeare - Goethe - Ibsen - Gerhart Hauptmann * **Wlassak, Moriz** Zum römischen Provinzialprozeß * **Wulffen, Erich** Kriminalpädagogik: Ein Erziehungsbuch * **Wundt, Wilhelm** Reden und Aufsätze * **Zallinger, Otto** Die Ringgaben bei der Heirat und das Zusammengeben im mittelalterlich-deutschem Recht * **Zoozmann, Richard** Hans Sachs und die Reformation - In Gedichten und Prosastücken, Reihe ReligioSus Band III